时间利用调查与研究创新平台建设专项的资助

数字技术的经济效应研究

An Assessment of Digital Technology Economy Effect

侯建昀　等◎著

经济管理出版社
ECONOMY & MANAGEMENT PUBLISHING HOUSE

图书在版编目（CIP）数据

数字技术的经济效应研究 ／ 侯建昀等著. -- 北京：
经济管理出版社，2024. -- ISBN 978-7-5096-9980-5

Ⅰ．F124

中国国家版本馆 CIP 数据核字第 20244RH062 号

组稿编辑：郭　飞
责任编辑：郭　飞
责任印制：许　艳
责任校对：王淑卿

出版发行：经济管理出版社
　　　　　（北京市海淀区北蜂窝 8 号中雅大厦 A 座 11 层　100038）
网　　址：www. E-mp. com. cn
电　　话：(010) 51915602
印　　刷：唐山昊达印刷有限公司
经　　销：新华书店
开　　本：720mm×1000mm/16
印　　张：11. 25
字　　数：173 千字
版　　次：2024 年 10 月第 1 版　　2024 年 10 月第 1 次印刷
书　　号：ISBN 978-7-5096-9980-5
定　　价：88. 00 元

目　录

第一章　引言…………………………………………………………………… 1

第二章　数字技术的发展及其影响…………………………………… 4

　　第一节　数字技术应用及其影响………………………………… 4

　　第二节　数字鸿沟及其影响……………………………………… 13

　　第三节　数字金融及其影响……………………………………… 18

第三章　数字技术应用对制造业减污降碳协同效应的影响………… 23

　　第一节　问题的提出……………………………………………… 23

　　第二节　相关理论………………………………………………… 25

　　第三节　数字技术应用对减污降碳协同效应的影响分析………… 31

　　第四节　减污降碳效应的量化评估……………………………… 33

　　第五节　数字技术应用投入对减污降碳协同效应影响的

　　　　　　实证分析………………………………………………… 44

　　第六节　本章小结………………………………………………… 59

第四章　数字鸿沟对农村居民消费潜力的影响…………………… 61

　　第一节　问题的提出……………………………………………… 61

第二节 相关概念和理论基础 ……………………………………… 64

第三节 城乡数字鸿沟的测度 ……………………………………… 68

第四节 实证检验 …………………………………………………… 79

第五节 渠道机制检验 ……………………………………………… 95

第六节 本章小结 …………………………………………………… 101

第五章 数字金融能力对居民家庭金融资产配置的影响…………… 103

第一节 问题的提出 ………………………………………………… 103

第二节 理论基础与研究假设 ……………………………………… 107

第三节 实证分析 …………………………………………………… 114

第四节 影响机制分析 ……………………………………………… 138

第五节 本章小结 …………………………………………………… 144

第六章 结论与政策建议 …………………………………………… 146

第一节 研究结论 …………………………………………………… 146

第二节 政策建议 …………………………………………………… 149

参考文献 ……………………………………………………………… 151

第一章 引言

在以 5G、大数据、人工智能等为标志的第四次技术革命迅速发展的时代背景下，数字技术应用的快速扩张在中观产业层面和微观家庭方面均产生了深远的影响，特别是对产业组织方式、要素配置方式和家庭行为的影响值得深入思考。

在产业方面，数字技术作为一种全新的生产要素，不断与传统产业融合发展，改变了传统制造业的生产模式、发展模式和经济增长模式，打造出新产业、新业态。从长远来看，将对推动产业结构升级、改变企业生产方式起到至关重要的作用，也为"双碳"目标下实现减污降碳迎来新的契机。数字技术的渗透和衍生可以升级和改造传统产业，再加上数字技术的资源配置优化、效率提高等多维优势（郭美辰和杜传忠，2019），将成为推动制造业绿色化转型、实现"协同推进降碳、减污、扩绿、增长"的有力工具。

以此为背景，基于制造业这一研究对象，准确测度制造业数字技术应用投入对减污降碳协同效应的影响，检验内在的影响机制并提出政策措施具有重要的理论意义和现实意义。在理论层面，能够揭示并检验数字技术应用对地区减污降碳协同效应的影响，并且能够从发展经济学、数字经济学和资源环境经济学的交叉视角提供新的实证证据，特别是利用完全消耗系数计算出完全依赖度这一相对指标对全国制造业数字技术投入进行测度，进而根据人均资本水平的比值将该指标分解到地级市层面，能够进一步体现制造业与数字行业之间的直接联系和间接联系，从边际减排成本视角出发，运用非径向方向性距离函数测度中国各地级市 2007~2020 年减污降碳协同效应量化指标并分析变化趋势属于重要的科学事实发现。在实践层面，如果制造业数字技术应用具有显著的减污降碳协同效应，这意味着制造业数字技术进步不仅促进了传统产业的升级和转型，而且将产生减污降碳的外部效应，由此也预示着大规模的数字技术应用将带来传统产业升级和减污降碳的双重正向影响，因而促进数字技术在制造业领域的应用将是当前重要且有效的优先政策选择。相反，如果数字技术应用对减污降碳的协同效应为负，则意味着该应用将给制造业的发展带来产业升级和污染或者碳排放加剧的两难选择，何以获得最优解将是新的政策难题。因此，剖析制造业数字技术应用对减污降碳的协同增效的作用规律与特征，有针对性地制定适宜的发展政策，对推动生态文明建设，赋能制造业转型升级具有重要的实践意义。

在家庭方面，数字鸿沟的影响及其填补和克服，有其不同于世界普遍情况的特殊性。中国通过大规模信息基础设施建设，使越来越多的低收入群体能够上网，有效控制了数字鸿沟的扩大。据工业和信息化部 2024 年 1 月 5 日公布的数据，中国已累计建成 5G 基站超 328.9 万个，5G 手机终端用户连接达 7.71 亿，占全球比例超过 80%。这充分体现了中国以超常规模，迅速提高公共产品供给的社会主义制度优越性。但客观上数字鸿沟的出现，确实也在拉大居民之间的收入和消费差距。数字经济的发展一方面推动地区经济快速发展，另一方面也不可避免带来了数字鸿沟（郑国楠和李长治，2022），引发了居民消费行为、消费结构以及消费水平的变革（马香品，2020）。第 52 次《中国互联网络发展状况统计报告》数据显示，截至 2023 年 6 月，我国城镇地区互联网普及率为 85.1%，而农村地区互联网普及率为 60.5%，城乡数字鸿沟的存在使农村居民往往处于数字信息获取及使用的弱势地位，使得经济机会不断减少（张正平和卢欢，2020）。为此，《"十四五"数字经济发展规划》指出，推动数字城乡融合发展，要加快城市智能设施向乡村延伸覆盖，完善农村地区信息化服务供给，推进城乡要素双向自由流动，合理配置公共资源，形成以城带乡、共建共享的数字城乡融合发展格局。中共中央办公厅、国务院办公厅印发的《数字乡村发展战略纲要》中也明确要求，要着力弥合城乡数字鸿沟，培育信息时代新农民，到2035年，数字乡村建设取得长足进展，城乡数字鸿沟大幅缩小，农民数字化素养显著提升。在此背景下，本书以农村剩余消费潜力为着眼点，综合运用中国家庭金融调查数据和中国时间利用调查数据，构建了城乡数字鸿沟评价指标体系，评估了其对农村居民消费潜力的影响，检验了这种影响的内在机制。与已有研究相比，本书的边际贡献在于：一是在城乡数字鸿沟评价体系构建方面，将时间维度的指标包括"使用手机、平板、其他电子媒介阅读时间""看电视、短视频、直播、游戏的时间""非面对面社会交往活动时间"纳入二级数字鸿沟的评价体系，不仅涵盖了互联网设备等设施指标，也反映了搜寻信息、解码信息以及利用信息等信息能力，评价内涵更加全面。二是拓展了相关研究结果。与以往研究更多关注于农村居民内部的数字鸿沟不同，本书将着眼点放在城乡差别上，更能从整体来刻画出数字经济的发展影响，兼顾总体效应和结构效应，而基于面板数据和工具变量法的实证结果显示城乡数字鸿沟对农村居民消费潜力释放的影响具有显著的群体指向性，即对于中高收入群体和高年龄段人群的影响尤其明显，这也表明了弥合城乡数字鸿沟的政策着眼点所在。

第二章　数字技术的发展及其影响

第一节　数字技术应用及其影响

近年来，数字经济发展受到政策界的高度关注，数字技术快速更新迭代，与各产业部门深度融合，助力制造业高效、绿色低碳、可持续发展。但目前学术界对数字经济相关的研究还存在一些观点上的分歧，比如数字经济行业所包含的范围以及如何测度数字经济规模。同时关于减污降碳协同增效的测算也缺乏较为一致的认识或共识。因此，在研究制造业数字技术应用投入对地区减污降碳协同效应的问题之前，首先需要梳理已有研究的逻辑主线。

一、数字技术的相关研究

（一）数字技术与数字经济的内涵

数字技术是一门与计算机深度结合，将信息转化为计算机能够识别的二进制数字的科学技术。其本质是提高社会的智能化和信息化水平，提高资源配置效率（Hepburn 等，2021；Zhou 和 Liu，2024）。数字技术是一种通用的技术，能够扩散应用到各个行业。现有研究认为数字化涵盖了数字信息和通信技术的使用，包括这些技术的互联和联网（Van der Velden，2018）。数字技术可以分为四类：效率技术（如云技术）、连接技术（如5G技术和物联网）、信任脱媒技术（如区块链）和自动化技术（如大数据和人工智能）（Lanzolla等，2020）。数字技术改变了企业、机构和社会的运作方式以及人们的互动方式（Brenner和Hartl，2021）。以物联网、大数据、移动互联网及人工智能为核心的新型数字技术在各领域内融合和应用，带动产业链、供应链、营销模式和管理模式发生了深刻变革（古川和黄安琪，2021）。

数字经济是与数字技术相关行业的集合，由于数字经济的概念以及如何界定数字经济的行业范围缺乏明确一致的定义，这导致了衡量数字经济规模研究受阻。从概念演化的角度来看，数字经济的概念总体上经历了一个从技术界定到经济界定、从附属地位到独立地位的过程（高晓雨等，2022）。有关"数字经济"的概念，早期讨论主要集中在技术视角，探讨技术进步对商业模式层面的影响。而数字经济的本质还是作为后果的经济，泰普斯科特的《数字经济：网络智能时代的希望与危机再思考》一书首先关注到这一问题，分析了数字经济与经济制度、经济运行等更为本质的经济学议题，使学术界的研究视角从单一的技术进步转向生产力与生产关系探讨，数字经济逐渐成了一个更加具有经济学特征的概念。同时，对新一代信息通信技术的描述也经历了从知识经济到网络经济再到数字经济的演进，知识与信息数字化程度的提高越发使发展数字经济成为国际社会的共识。

除了缺乏广泛接受的定义，缺乏对数字经济关键组成部分的可靠统计数据也阻碍了衡量数字经济以及相关价值创造。在探讨数字经济范畴方面，比较典型的有中国国家统计局2021年6月发布的《数字经济及其核心产业统计分类（2021）》，除此之外，关于数字经济关键组成部分的典型研究还包括以美国、加拿大、澳大利亚等国家统计机构为代表，在与联合国统计部门所采用标准以及经济合作与发展组织保持一致的前提下，构建本国的数字经济卫星账户，并进行规模统计（高晓雨等，2022）。

（二）数字化水平的测度

在梳理了数字技术和数字经济的概念演变以及包含范畴的相关研究后，对数字化水平的测度，目前尚缺乏被学者们所公认的评价方式（范合君和吴婷，2021）。国内外学者提出不同的测度方法，其中由费里茨·马克卢普提出的马克卢普信息经济测度模式是已知最早的信息化水平相关测度，在界定了"知识产业"范围的基础上，使用最终需求法对1958年美国知识产业的价值、占国民生产总值比例进行测度，这其中就包括了对通信媒介、信息设备、信息服务的价值测度，由此开辟了数字化、信息化测度的研究领域（周青等，2020）。通过对现有文献的梳理，从宏观层面来看，数字化水平的测度主要有增加值测算方法（Barefoot等，2018；许宪春和张美慧，2020）、数字经济卫星账户方法（杨仲山和张美慧，2019）和多指标评价法（王军等，2021）；从微观层面来看，企业数字化转型的衡量通常采用公司年报文本分析方法（吴非等，2021；李青原等，2023）。

具体来看，在增加值测算方法方面，主要使用的方法有投入产出法、非参方法和评价方法等，国外主要的研究学者和机构包括波拉特、麦肯锡、埃森哲、波士顿咨询等，国内主要是中国信通院和中国社会科学院数量经济与技术经济研究所在开展这方面研究。

在卫星账户构建研究方面，有关国际组织、一些国家政府统计机构和有关学者主要开展了构建ICT卫星账户和数字经济卫星账户（Digital Economy Satellite Account，DESA）的相关研究。在国际上，澳大利亚统计局、智利统计局、南非统计局已经建立了ICT卫星账户，马来西亚统计局2009年开始编制ICT卫星账户，2011年在ICT卫星账户的基础上引入一系列辅助指标，共同构成马来西亚数字经济卫星账户。在国内，屈超和张美慧（2015）提出了构建ICT卫星账户的构想；杨仲山和张美慧（2019）系统研究了中国数字经济卫星账户的编制问题，并构建了数字经济静态总量指标与数字经济直接贡献指标。

在相关指数编制研究方面，国内外典型的数字经济指数指标体系构建如表2-1所示。

表2-1　数字经济指数指标体系构建

变量	构建指标	发布机构	发布年份
数字化水平	投资智能化基础设施、赋权社会、创新能力和ICT促进经济增长与增加就业	OECD	2014
	增强访问、增加有效应用、释放创新、确保就业、促进社会繁荣、加强信任、促进市场开放	OECD	2019
	基础设施、赋权社会、创新和技术的采用、就业与增长	G20	2018
	就业、技能、增长，基础设施，赋能社会，创新和技术应用	G20	2020
	宽带接入、人力资本、互联网应用、数字技术应用和数字化公共服务程度	欧盟	2014
	数字设施、数字产业、数字创新、数字治理	上海社会科学院	2017
	数字基础设施、数字产业、产业数字化转型、公共服务数字化变革和数字经济生态环境	国家工业信息安全发展研究中心	2020
	基础型、资源型、技术型、融合型和服务型数字经济	赛迪顾问	2017

二、减污降碳协同效应的相关研究

（一）减污降碳协同效应的内涵界定

Ayres 最早说明了这种为了控制温室气体排放从而同时也控制其他有害气体排放的现象，并称之为"伴生效益"。IPCC 第三次评估报告中将这种实施温室气体减排政策的同时可以带来非气候效应的现象定义为协同效应。同时随着研究的深入，学者们发现一些控制大气污染物的措施也会同时产生减排效应，这是由于温室气体和其他大气污染物产生的同根同源性，即均产生于化石燃料燃烧，因此很多从源头减排或控制大气污染物排放的技术都会带来能源的节约以及资源利用效率的提高，从而带来协同效应，即同时降低碳排放和大气污染物，但一些末端减排或控制大气污染物排放的技术可能会造成减污和降碳的不协同，即"此消彼长"。因此，探索如何使减污降碳的协同效应达到最优成为重中之重，数字技术应用兼具使高污染企业设备能效提升、能源利用更加清洁化的功能，其快速发展以及应用规模的扩大可能为减污和降碳协同效应达到最大提供了有利契机。

协同减排包括两个方面：一方面，控制二氧化碳排放可以导致其他污染物的减少。例如，Dong 等（2019）发现减少碳排放导致硫显著减少。Yan 等（2020）证明，中国的碳排放交易体系试点确实对大气污染排放产生了显著的"减排效应"。Wang 等（2021）认为，每减少 1000 吨碳排放，中国工业部门的综合空气污染物就会减少 1 吨。另一方面，部分文献研究了控制污染物排放如何能够减少二氧化碳的排放。例如，Du 和 Li（2020）发现环境政策可以显著抑制工业企业的污染和碳排放，并进一步受到能源结构和消费的影响；Gu 等（2018）认为，"十一五"期间燃煤电厂的脱硫显著减少了碳排放，结构调整可以协同减少主要污染物和温室气体的排放。然而，从整体上探讨两者的协同效应的文献很少。

（二）减污降碳协同效应的测度

在清晰界定减污降碳协同效应概念的基础上，找到如何量化衡量协同效应大小的合理方法也至关重要，基于研究出发点不同，不同学者提出了不同的测度方法。毛显强等（2011）、Mao 等（2013）从"环境—经济—技术"视角出发，考量技术减排措施对不同污染物的协同控制效应。高庆先等（2021）首先建立温室气体和空气污染物的协同效应评估指数，然后通过该指数在二维坐标系四个不同象限的分布，从而判定出正在实施的政策、技术等是否促进了温室气体和空气污染物达到最有效的正协同效应。在此基础上，毛显强等（2021）进一步构建了"单位污染物减排成本""边际减排成本"指标对减排措施的经济有效性进行评估，并提出通过绘制各项措施的"减排成本—减排量"直方图和边际减排成本曲线的方法来规划行业或区域协同控制路径。

具体到城市层面减污降碳协同效应的量化研究，王敏等（2024）基于城市减污降碳协同度内涵，采用构建复合型综合评价指标体系的方法开展城市减污降碳协同度评价，该指标体系包含了目标协同度、路径协同度和管理协同度 3 个一级指标，并选择典型城市应用该指标体系进行打分。还有学者通过使用非参数模型中的非径向方向距离函数，衡量城市减污降碳协同治理的效率（Zha 等，2023）。具体到行业层面的研究，陈惠鑫等（2023）采用机器学习的方法对北京某 AAO-MBR 工艺污水处理厂进行水质模拟并核算其全流程温室气体排放，构建了基于 NSGA-Ⅱ算法的减污降碳多目标优化模型。

通过对现有相关文献的梳理归纳，发现关于减污降碳协同效应的测度目前主要存在两种方法：一种方法是多目标优化模型，包括利用非参数 DEA 模型计算效率或结合 DEA 模型中的非径向方向距离函数和对偶模型，通过计算边际减排成本表征减污降碳协同效应，以及利用机器学习构建污染物协同温室气体去除的实施路径；另一种方法是构建综合评价指标体系。

（三）减污降碳协同效应的影响因素

学术界就我国减污降碳问题已进行了一定讨论，其中关于减污降碳效应影响因素的研究是制定相关治理政策、减少治理成本的重要基础（袁晓玲等，2023）。Zha 等（2023）使用空间计量模型来探索减污降碳效应的驱动因素，发现城市化率、产业结构、经济发展水平、创新水平、人口规模和外商直接投资均对城市减污降碳协同治理效率产生影响。唐湘博等（2022）的 OLS 回归结果显示，能源消费总量、能源消费强度和能源消费结构是减污降碳协同效应的主要影响因素。一些学者将视角聚焦于政策研究，探索国家出台的某些政策对减污降碳协同效应的影响。Xian 等（2024）使用面板回归模型评估了代表性的减污降碳政策的有效性和协同性，然后设计了八种未来情景来预测 2050 年前不同政策组合下的二氧化碳和主要空气污染物排放趋势。丁丽媛等（2023）考察了碳排放权交易政策实施前后对文中得出的减污降碳协同效应的影响，文中的减污降碳协同效应是通过二氧化碳与污染物排放量的比值计算的，发现碳排放权交易试点政策对控制二氧化碳与二氧化硫的协同减排效果最显著。

因此，综合来看关于减污降碳协同效应的研究，大多研究都只是对减污政策、降碳政策所带来的协同效应的评估，或是分别探讨某一驱动因素对二氧化碳排放量和空气污染物排放量的影响，以此表征减污降碳协同效应，部分研究虽然结合探讨了"减污降碳"效应的实现路径，但多是定性讨论，且关于数字技术应用如何影响减污降碳协同效应的定量研究还相对较少。

三、数字技术应用对生态环境的影响

对于发展中国家来说，由于资源有限、政府监管成本高、社会资本缺乏、居民环保意识不强，很难平衡经济发展和环境保护。数字经济为发展中国家实现减少污染和减少碳排放的目标提供了新的机会。首先，数字经济的扩张以数字化、信息化、智能化的方式提高了资源利用效率，降低了能源消耗，提高了生产率，减少了能源浪费，这有利于协同控制碳排放和空气污染物（Khatami 等，2023）。其次，数字经济增长带来新的就业机会和经济增长领域，有助于增加社会福利。社会福利水平越高，个人越关心环境问题，这迫使企业尽量减少排放（Pignatelli 等，2023）。最后，数字政府提案旨在提高政府监管的能力和标准化，并利用技术来监测和评估环境质量和能源使用，从而提高城市环境监管的有效性（Cheng 等，2023）。

在此背景下，中国十分重视数字化与绿色化的战略地位。2019 年，《工业智能白皮书》发布，旨在基于数字技术、数据元素、人工智能、软件、机器人等技术对原始设备、工艺、工厂和供应链进行优化和改造，通过提高效率或改变原有生产模式等方式助力经济效益与生态效益相统一的实现。在数字经济和实体经济融合发展的背景下，不断推动数字化、网络化、智能化在制造业、服务业、农业等产业的应用，利用互联网新技术对传统产业进行全方位、全链条的改造，提高全要素生产率。尤其是在工业领域，工业互联网驱动的制造业数字化转型进展尤为迅速，2022 年，中国工业数字经济渗透率达 24.0%。

因此，制造业数字化转型和协同控制环境污染、碳排放两个问题有机结合，使制造业数字化转型的减污降碳问题成为一个研究热点。我国学者已经注意到制造业数字化转型与减污降碳之间的联系、机理等问题。曾春花和王妮娟（2022）认为，在数字化时代数据必将成为制造业发展的重要资源，加快能源大数据中心的建设、充分挖掘大数据发展潜力，有利于生态保护和"双碳"目标的实现，这表明数据和数字化作为技术因素在制造业减污降碳过程中可能发挥作用。目前已有制造业数字化转型的减污降碳效应研究多聚焦企业层面：戴翔和杨双至（2022）利用 2000～2012 年 WIOD 数据库、中国工业企业数据库以及中国工业企业绿色发展数据库合并后的制造业企业层面的微观数据，研究发现数字赋能的确能够促进制造业企业绿色化转型并且数字赋能对制造业企业的绿色化转型带来的影响在不同能耗强度、污染密集度行业之间存在着一定的异质性；曹裕等（2023）基于资源编排理论视角，研究发现制造企业实现数字化转型的跃升演进规律，揭示了数字化助力制造企业绿色转型的内在机理；胡雨朦和郭朝先（2023）对沪深 A 股制造业上市公司进行实证分析，通过检验发现数字化分别通过提升生产率和促进绿色创新，降低了企业的碳排放强度。

同时，冯子洋等（2023）的研究指出以中兴通讯为代表的 ICT 企业不仅能通过自身的绿色运营减少内部的碳排放，还可以通过为全社会提供绿色基座，帮助制造业企业建立绿色的全周期生产运营链条，在全过程中控制环境污染、减少碳排放；对"一基两翼"的打造，可以赋能于其他行业的数字化转型，有助于取得明显的节能减排效果。因此，考虑到气候变化问题具有典型的负外部性属性，数字技术开发应用具有正的外部性，且国家发展改革委等部门联合发布的《关于推进"上云用数赋智"行动　培育新经济发展实施方案》中提到，要"打通产业链上下游企业数据通道"，本书认为制造业企业数字技术转型对生态环境的影响可能不局限于本企业自身的减污降碳量，可能会影响整个地区的环境污染和碳排放量控制。

四、评论

本节沿着数字经济和减污降碳协同效应两条主线，系统梳理了相关研究文献。一方面梳理了数字经济的相关研究，包括数字技术以及数字经济的内涵、数字化水平的测度；另一方面梳理了减污降碳协同效应的相关研究，包括减污降碳协同效应的内涵界定、减污降碳协同效应的测度以及减污降碳协同效应的影响因素；同时，为了阐述本书研究的合理性，论述本书的选题依据，更好地发掘本书的创新点以及开展后续研究，本节梳理了数字技术应用对生态环境的影响相关研究。总体而言，现有研究关于数字化对环境的影响已取得一定进展，所选择的研究方法和关键指标测度以及研究思路等都对本书有借鉴意义，随着时间的推进，还存在一些新的方向值得进一步探讨：

第一，近年来有关数字经济的研究逐渐增多，随着"3060"碳达峰碳中和目标的提出，温室气体排放相关的研究也呈现爆发式增长，已有部分关于数字经济与温室气体排放、空气污染物排放方面的研究，但是针对制造业数字技术应用投入对地区减污降碳协同效应影响的研究较少。由于数字技术具有正外部性，技术扩散性较强，该问题值得重点关注。因此本书完善了数字技术应用对地区减污降碳协同效应影响的理论分析框架，分析中国制造业数字技术应用投入通过何种渠道机制影响减污降碳协同效应。

第二，在数字经济水平测度方面，现有研究多是关于地区数字经济水平的测度，包括增加值测算法、构建数字经济卫星账户和建立指标体系，但是以上方法无法更好地反映制造业与数字经济产业间的联系。因此本书依据国家统计局在 2021 年出台的《数字经济及其核心产业统计分类（2021）》，参照张晴和于津平（2021）对数字赋能指标的构建，利用完全消耗系数计算出完全依赖度这一相对指标对全国制造业数字技术投入进行测度，进而根据人均资本水平的比值将该指标分解到地级市层面，该指标能够进一步体现制造业与数字行业之间的直接联系和间接联系。

第三，在减污降碳协同效应测度方面，现有关于减污降碳协同的研究多聚焦于"减污"或"降碳"政策协同效益的模拟与评估，在量化测度方面，虽然刘华军等（2023）的研究巧妙利用 DEA 模型，在"能源—环境—经济"（3E）的综合系统框架下，从边际减排成本视角出发，运用非径向方向性距离函数测度减污降碳协同效应，但其测度为中国省级层面，为了更好地阐述本书的研究问题，本书基于刘华军等（2023）的研究方法，测度了中国各地级市 2007~2017 年减污降碳协同效应量化指标并分析变化趋势。

第四，在减污降碳协同效应影响因素研究方面，基于数字技术应用的研究较少，因此本书通过面板数据，从地级市层面实证分析了制造业数字技术投入与减污降碳协同效应之间整体上的因果关系，同时从产业结构变化、绿色创新角度考虑影响机制。

第二节 数字鸿沟及其影响

一、居民消费潜力的相关研究

国内外学者对居民消费潜力进行了多方位的研究。对居民消费潜力的早期研究主要是从节余购买力角度探讨，认为收入决定消费水平，但当期实现的消费额小于收入额，这部分差额会转化为投资、风险储蓄以及节余购买力，节余购买力是研究消费潜力的重要指标（孙小素和王培勤，2002）。在此基础上，大量学者对促进居民消费潜力的因素进行了研究。从供给角度来看，促进消费潜力的释放，必须注重优化我国流通产业空间结构（柳思维，2019），改善零售服务供给（张昊，2016）等。从需求角度来看，要通过发展和改善民生来提高居民需求能力（蒋玉莲，2012），从稳就业、补短板、清干预、优环境和促创新等方面，多举措并举促进居民消费潜力的有效释放（王蕴和梁志兵，2015）。从政策角度来看，要从消费动力问题、制约因素以及政策制定等多角度进行分析（胡清升，2015），通过调整税收（董小麟和陈娟娟，2014；Kaplan 和 Violante，2014；刘华等，2023）等政策引导居民消费（Singh，2012；梁达，2015）。

随着对居民消费潜力的进一步研究，消费潜力的内涵得到更深层次的延伸。对消费潜力的研究逐渐引入现实需求与潜在需求（黄娟，2011）以及人口的年龄结构、储蓄等问题（Chamon 和 Prasad，2010）。有学者利用食物线的计算来测算居民生活基本需要与最大消费量的差距（黄娟，2014），或构建初次分配格局调整与消费潜力释放的理论模型（臧旭恒和贺洋，2015），探讨居民消费潜力释放问题。现有研究逐渐从多层次构建居民消费潜力指标体系，主要从消费能力、消费支出（刘松等，2023）、消费环境（高磊和刘松，2021）、消费预期、消费质量（周南南和邵长銮，2022）以及消费信心（章印和王永瑜，2023）等层面对居民消费潜力进行分析。这种消费潜力研究视角包括当期剩余消费潜力（龙少波和张睿，2021）以及居民边际消费倾向（姚健等，2022）等。

随着对消费潜力的深入研究，学者开始对不同人群的消费潜力进行分析。这种研究早期主要以对农民工消费潜力为主（王美艳，2016），发现落户政策（陈杰，2019）以及对农民工收入水平、养老保险水平和教育水平等禀赋不断改善，能够提升其消费潜力。进一步研究发现，农村居民消费潜力更大（宋明月等，2022），收入水平（曹立和薛世斌，2021）、就业水平等因素均会影响其消费潜力释放。对城镇居民（高磊和刘松，2021）、沿海地区居民（刘佳和张洪香，2018）、上海城镇居民（刘松和楼嘉军，2019）的消费潜力研究进一步丰富了消费潜力的研究范围。随着互联网技术的快速发展，社会网络（De Giorgi 等，2020）、网购（梁达，2014）以及金融服务（南永清等，2023）成为释放居民消费潜力的新途径。有学者研究发现，数字金融的发展能够有效提升农村居民（许兰壮等，2023）、城镇居民（南永清等，2020）以及老年居民（高子宁，2023）的消费潜力。

二、数字鸿沟的相关研究

数字鸿沟（Digital Divide）的概念最早于 20 世纪 90 年代提出，最开始是用来表示使用与不使用计算机之间的区别。随着信息通信技术（Information and Communication Technology，ICT）的快速发展使得数字鸿沟的概念得到进一步延伸。数字鸿沟开始表示为不同社会经济水平的个人或家庭之间关于他们获得或使用信息通信技术的不平等，这种定义的背后其实隐含着数字鸿沟可以通过 ICT 的发展进行弥合的含义。随着对数字鸿沟研究的深入，数字鸿沟概念的内涵和外延都得到了扩展（徐芳和马丽，2020），研究人员重新定义了数字鸿沟的分类，由此数字鸿沟分为了一级数字鸿沟及二级数字鸿沟（Attewell，2001）。一级数字鸿沟是指获取 ICT 的差异，是数字鸿沟最基础的特征，二级数字鸿沟是指 ICT 使用的不同方式等存在的差异，重点关注使用层面的不同。此外，随着研究的深入，学者逐渐发现存在另一种形式的数字鸿沟，被称为三级数字鸿沟，它主要是指 ICT 使用差距造成的不平等后果及进一步影响（Wei 等，2011）。

数字鸿沟形成的原因以及可能的影响因素大致可以分为宏观层面以及微观层面两大类。从宏观层面来看，经济发展水平是最重要的影响因素，直接影响人们对于信息通信技术的获取（Billon 等，2010），较高的建设成本也阻碍着人们获取信息通信技术（Greenstein，2021）。其次是政策因素，政策覆盖以及执行结果的不同，也会导致家庭接触 ICT 的机会不平等，实施信息基础设施建设的政策有助于缓解数字鸿沟（Philip 等，2017）。从微观层面来看，个体使用 ICT 技能的差异是导致数字鸿沟的重要因素。这种差异可能是由年龄导致的，相对于其他年龄段的人来说，老年人更容易受到自身特征限制，并且由于适老化信息技术发展欠缺、网络媒体内容忽视老年人等（王若宾等，2018），老年人往往被困于数字鸿沟的另一端。大量文献研究表明女性在使用计算机设施的可能性低于男性（Wasserman 和 Richmond - Abbott，2005；Mumporeze 和 Prieler，2017）。也有文献表明，教育是衡量互联网技术经验和获取的最一致的全球预测因子（Chinn 和 Fairlie，2007；Vicente 和 López，2011；Puspitasari 和 Ishii，2016）。随着互联网的发展，逐渐成为了学生在学习过程中的重要工具，帮助各国提升了教育水平（Zhong，2011）。受过高等教育的人群可以及时掌握互联网技术，与接受较少教育的人群相比，他们往往更有经验（Wilson 等，2003）。

数字鸿沟会对家庭生活以及经济社会产生影响，国内外学者对数字鸿沟所产生的影响进行了系统性研究。从社会层面来看，数字鸿沟会加大贫富差距（刘倩，2023），欠发达地区由于无法享受信息技术的红利，从而减弱了欠发达地区人民的财富积累。经济发展的落后又会减少对信息基础设施的建设，又会再次扩大地区间的数字鸿沟（罗廷锦和茶洪旺，2018）。数字鸿沟也会通过削弱社会网络、阻碍信息传播和降低信贷可得性等渠道提高相对贫困发生概率（张要要，2023）。数字鸿沟会造成马太效应，让信息弱势群体的经济状况变得更差，让信息富有的群体变得更加富有，从而阻碍经济的发展（Mingo 和 Bracciale，2018）。从家庭层面来看，数字鸿沟会显著降低家庭收入水平（尹志超等，2021），阻碍数字普惠金融的发展（陈银娥等，2023），阻碍家庭金融投资（刘艳华和余畅婉，2023），并且使居民消费相对剥夺程度增加（王彦芳等，2023）。农村居民更容易受到数字鸿沟的影响。数字鸿沟会降低农村家庭商业保险的参与可能性和参与程度（刘雪颖和赵忠，2023），会通过降低信贷获取渠道，降低农户的风险偏好程度来抑制农户的数字信贷行为（陈晓洁等，2022）。从个人层面来看，数字鸿沟的存在会通过影响居民的社会公平感，进而增加居民的相对剥夺感（孔文豪等，2021）。数字信息获取会提升青年心理健康水平，数字鸿沟会对青年心理健康产生负向影响（贾玮和刘磊，2023）。

三、城乡数字鸿沟对农村居民消费潜力的相关研究

我国经济发展过程中长期存在城乡二元结构，而城乡间的数字鸿沟问题表现得尤为突出（李健和邬晓鸥，2017；张家平等，2021）。城镇与农村的差异性是导致城乡数字鸿沟存在的根本原因，城乡数字鸿沟是城乡差异性在信息层面上的一种映射（Norris，2001；李健和范凤霞，2014）。城乡数字鸿沟一方面反映了城乡信息化发展的不平衡状况，另一方面也体现出城乡信息资源分配的不公平状况（赵云，2009；胡莹，2022）。城乡数字鸿沟会阻碍城镇化的进程（薛伟贤和刘骏，2014），经济发展不平衡、农民受教育程度低、信息基础设施落后是造成城乡数字鸿沟的原因（杨蓓蕾，2006）。城乡数字鸿沟对农村居民消费产生重要影响。一方面，数字鸿沟导致不同人群搜寻消费信息的差异性（Donna 等，2000），从而直接抑制居民消费（杨碧云等，2023；Wang 等，2023），数字鸿沟的存在使不同家庭享有不同的数字红利，从而产生新的消费不平等，导致数字化水平较低家庭的消费相对剥夺程度增加（王彦芳等，2023）。另一方面，数字鸿沟会导致城乡收入分配的差距拉大（王宁和胡乐明，2022；Zhang 等，2023），降低家庭收入水平（Forman 等，2012），这种负向影响在低收入的家庭中更为显著（尹志超等，2021）。数字鸿沟还会降低居民数字金融能力（司传宁等，2022），数字金融发展的不平衡，加剧了我国居民消费不平等（齐红倩和刘倩含，2022；Wang 等，2022）。数字鸿沟还会降低数字信贷行为（陈晓洁等，2022）以及投资行为（刘艳华和余畅婉，2023）等，数字金融的普惠性也会受到数字鸿沟的影响，从而扩大城乡收入差距（李牧辰等，2020；周利等，2020；陈银娥等，2023），而数字普惠金融会通过刺激消费收敛城乡收入差距（李牧辰等，2020）。

我国城乡数字鸿沟问题已成为城乡消费不平衡的又一重要原因，城镇居民往往能够借助更优质的数字要素提高自身的消费行为（宋明月等，2022），而农村居民因数字资源的有限性，消费能力增长较慢。数字经济的快速发展使城乡数字鸿沟逐渐弥合，互联网发展对中国农村居民消费具有显著的正向影响（刘湖和张家平，2016；杨珂和余卫，2023），缩小城乡数字鸿沟有助于拉动农村地区消费市场（李健和邬晓鸥，2017），从而更好地释放农村居民的消费潜力。

在梳理了国内外学者的相关文献后，发现对城乡数字鸿沟的研究较多，从产生原因到影响结果均有了比较深入的研究，但对消费潜力的研究还没有形成统一的学术界定。学者们普遍会从消费环境、消费能力、消费支出、消费信心以及消费质量等方面进行分析，从宏观层面对我国不同人群、不同消费类型的消费潜力进行探讨。但是通过整理现有文献发现，对城乡数字鸿沟对消费潜力的影响研究较少，从微观层面对消费潜力进行分析的更少。为此，本书在前人研究的基础上，深入探讨城乡数字鸿沟对农村居民消费潜力的影响。

第三节 数字金融及其影响

一、数字金融概述

数字金融、互联网金融与金融科技作为近年来金融行业数字化所衍生出来的专有名词，是三个密切相关但又有所不同的概念。互联网金融更多地强调利用互联网技术来进行金融业务活动，金融科技侧重于利用先进科技手段进行金融创新和优化。相比之下，数字金融的概念更为中性，泛指利用数字技术和网络平台，提供各种金融服务和产品的过程和方式。它是一个更广泛的概念，包括互联网金融和金融科技在内的各种金融创新。数字金融通过数字化技术改变了传统金融行业的商业模式和运作方式，为用户提供了更加便捷、高效、安全的金融服务体验。三者共同推动着金融行业向更加智能化、便捷化和普惠化的方向发展。黄益平和黄卓（2018）指出数字金融是金融机构或涉及金融业务的公司通过数字技术开发的新型金融业务模式，涵盖了投融资、数字货币、区块链技术、信息中介服务等业务范畴。从宏观来看，滕磊和马德功（2020）发现数字金融能显著促进高质量发展，为更多的经济实体提供"高效、安全、普惠、精准"的融资。另外，赫国胜和刘璇（2024）研究表明数字金融还能够显著提振实体经济高质量发展且存在空间外溢效应，创业效应在其中起传导作用。从微观来看，刘丹和方锐（2019）发现数字金融发展在中国不同省域之间均对农民非农收入存在正向溢出效应。易行健和周利（2018）研究表明数字金融对居民消费产生了积极效应，特别是在增强支付便捷性方面起到了关键作用，且对于乡村、偏远地区的收入偏低群体的促进效果尤为明显。郭峰等（2020）指出数字金融的普惠事业在农村地区仍任重道远，需要在推广数字金融的过程中重视夯实基础，加强传统金融的配套设施建设，提高居民的金融知识和教育水平。

怎样将数字金融进行量化分析，北京大学编制的数字普惠金融指数在数字金融研究领域内树立了一个重要的里程碑。这一成果不仅充实了我国在该领域的研究深度，还创新性地提出了一套用于衡量和解析我国数字金融服务综合状况的科学指标架构，从而为评判数字金融的整体发展水平提供了有效参考依据。该指数的引入标志着对数字金融领域进行定量评估的重要进展，有助于更准确地把握我国数字金融的发展态势和水平。这一指数在国内大部分数字金融研究文献中得到广泛验证与应用（郭峰等，2020）。也有学者采用文本分析的方法，通过归集数字金融特征词和城市名共同出现的词频数量来构建数字金融发展指数，以此衡量城市或地区的数字金融水平（刘元雏等，2023）。

二、数字金融能力研究

数字金融能力是指在当今信息化社会中，个人或家庭有效运用数字技术和互联网手段，参与并管理各类金融活动的能力。Morgan 等（2019）将数字金融能力从四个维度划分并进行了比较清晰的阐述，包括对数字金融商品和服务的认知深度、对数字金融风险环境的警觉性、对数字金融风险的有效管理机制以及掌握消费者权益保护机制，有力地论证了正确和有效地运用数字金融资源所不可或缺的多元知识体系。Fernandes 等（2014）研究成果揭示出尽管金融教育显著增强了个体的金融知识储备，但在实际转化为适宜的金融行为时表现得并不充分。在提高数字金融能力的过程中，除了加强金融知识的教育外，还需要注重培养投资者的风险意识和风险管理能力，以及对自身权益和信息财产安全的保护意识。通过综合提升自身的金融知识水平和风险管控能力，投资者才可以更加全面地应对复杂多变的金融市场环境，做出更加明智的金融决策，实现个人财富的增长和保值。

罗煜和曾恋云（2021）对数字金融能力界定为：在数字时代，个人或家庭运用数字金融服务与产品以优化其经济福祉的一种综合能力体现。从实质内涵来看，这种能力不仅包含对数字金融工具的理论认识，更在于实践层面的有效应用。司传宁等（2022）将数字金融能力定义为一种将传统金融知识同现代移动数字技术相融合的能力，这种能力使个人或家庭能够更有效地管理和监控他们的资金流动，优化资产配置。其核心在于个体或家庭运用数字技术和金融知识来参与金融活动并取得实际效益。数字金融能力要求个体不仅具备数字技能和金融素养，还要求个体能够将这些知识和技能转化为实际行动，并通过参与数字金融服务来实现自身的金融目标。这包括在数字金融环境中灵活应对各种金融挑战，具备适应数字金融环境的能力，同时要善于运用金融科技工具和平台来管理资金，进行投资、支付和结算等金融活动，从而更好地利用数字金融工具实现自身财务目标。总体而言，在数字时代，提升居民的数字金融能力从微观上有助于个体和家庭具备更加全面的数字金融素养，从宏观上有力促进数字金融领域的创新与发展，推动金融科技的应用与普及。

（一）数字金融对家庭金融资产配置的影响

在数字金融对家庭金融资产配置的影响方面，孙燕和严书航（2021）研究发现，数字金融可降低家庭参与金融投资的效用成本，同时通过改善当地的金融市场环境来影响家庭投资决策。孙从海和李慧（2014）进一步指出在数字金融的大环境下，互联网金融理财产品因实时赎回、线上结算的流动性优势以及收益率高于银行的特性，已经引发了家庭金融资产结构调整，对以银行储蓄存款为代表的传统金融业务存在替代趋势。方文玲和陈蕾（2018）研究表明，数字金融对我国东部、中部以及西部地区的家庭投资倾向的影响也有差异，简单来讲，经济水平越高的地区受数字金融影响投资决策的概率越大。从影响机制来看，赫国胜和耿丽平（2021）发现，数字金融扩大了家庭配置风险金融资产的规模，家庭收入在其中起中介效应。张晓玫等（2020）基于实证分析的结果指出，数字金融扩大了家庭在资本市场的投资规模，家庭可利用丰富的投资工具组合，有效地提升其资产配置效率。总而言之，数字金融显著优化了居民家庭的金融资产配置。

（二）数字金融能力对家庭金融资产配置的影响

关于数字金融能力对家庭资产配置的影响，Luo 等（2020）研究揭示了数字金融能力不仅降低了创业门槛，还极大地丰富了家庭成员之间的资源共享和知识交流，从而增强了家庭进行创业的意愿。邓瑜（2022）在研究家庭消费时指出，居民提升数字金融能力有助于优化我国家庭的资产结构，缓解融资约束，为改善家庭财务状况提供了更强劲的动力，从而推动家庭消费升级，值得注意的是，这种影响效应在低财富水平家庭中尤为显著。刘姗姗（2022）在研究居民家庭收入来源时发现，居民数字金融能力的提高有力提升了家庭财产性收入水平，且在机制分析中揭示了家庭风险金融市场参与在两者之间的中介效应。何雄浪和陈冰（2023）研究表明，数字金融能力的提升能显著扩大家庭资产规模，对城镇家庭资产规模的促进作用更明显，且集中在扩大风险金融资产规模上。综上所述，数字金融能力有助于调整家庭金融资产配置结构，加强居民家庭与金融市场的联系。

基于历史的视角可以发现，数字金融作为一种新型金融业务模式，其深远的影响已广泛渗透至社会生活的各个维度与经济发展的各个环节。数字金融能力作为居民接触数字金融后所衍生出来的综合能力，不仅包含对数字金融工具的理论认识，更在于实践层面的有效应用。本节将从宏观层面、微观层面两个维度对数字金融进行分析，从供给、需求两个角度对数字金融能力进行分析。

在宏观层面，数字金融能改善金融市场环境，缓解信息不对称带来的不确定性，推动金融行业向更加智能化、便捷化和普惠化的方向发展。数字金融能显著提振实体经济高质量发展，为地方或区域的整体经济发展提速；同时在普惠化的过程中对提升低收入群体的金融素养起促进作用，有助于缩小贫富差距。

在微观层面，数字金融显著提升了居民家庭收入和消费的增长幅度，当家庭进行金融投资时，数字金融能降低投资的效用成本，拥有流动性优势、多元化和高收益率的数字金融产品引发了家庭资产结构的调整，有效地提高了家庭的资产配置效率。

在供给端，居民个人或家庭通过提升数字金融能力，能够更方便快捷地获得多元化的金融服务，比如在线理财、数字货币投资、网络信贷等方面，扩大了资产配置的选择空间。拥有较高的数字金融能力意味着居民能有效利用互联网和移动终端获取即时的金融信息和市场动态，便于更准确地判断投资时机，精准调整家庭金融资产配置结构。数字金融能力较强的居民通过数字金融平台提供的风险评估工具、智能投顾等功能，可以更好地理解和管理投资风险，从而在资产配置过程中实现风险与收益的平衡。

在需求端，提高数字金融能力有助于居民增强金融知识与素养，提高独立分析和判断金融产品的能力，进而做出更为理智、科学的家庭资产配置决策。随着数字金融能力的提升，居民可以根据自身的风险偏好、收益期望和生命周期阶段等因素，通过数字化工具选择更适合自己的金融产品和服务，实现个性化资产配置。

然而，目前对于数字金融能力对家庭金融资产配置影响的研究仍有一些不足之处。已有研究大多采用宏观视角探讨数字普惠金融对家庭收入或消费增长幅度的影响，常借助诸如数字普惠金融指数等综合性指标衡量区域发展的程度，而在微观层面对个体居民数字金融能力的量化研究相对有限。数字金融能力是一个综合性的概念，涵盖了对数字化金融工具的熟练运用、对数字金融安全的保护意识、对金融规划和理财的能力、对数字金融知识的掌握以及对数字金融创新的关注和应用能力。

因此，我们需要突出强调对个体数字金融能力的考察，这一领域在国内学术界是近期才受到广泛关注的新议题，故而现有相关文献储备尚不充足。鉴于此种背景，本书创新性地选取了微观家庭调查数据中的若干针对性问题，从数字工具接入、数字技术使用以及主观、客观金融素养的角度综合考虑，构建微观数字金融能力指数，为研究数字金融对家庭金融的影响提供新的视角，并对其中的作用机制展开深入探究。

第三章 数字技术应用对制造业减污降碳协同效应的影响

第一节 问题的提出

自党的十八大以来，中国生态文明建设迈上新台阶，碳排放强度显著降低，空气质量持续改善，绿色低碳发展相关工作稳步推进，但也要认识到生态环境问题归根到底是发展方式和生活方式的问题，因为当前发展不平衡、不充分问题依然突出，所以实现美丽中国建设和双碳目标仍然任重道远（生态环境部等，2022）。《2021 中国生态环境状况公报》显示，中国339 个地级市中有 43.1%的城市空气质量不达标，如果不考虑沙尘暴的影响，仍有 35.7%的城市空气质量污染严重，大气污染防治任务依然艰巨（崔艳芳，2023）。放眼全球，因为国际上大多数发达国家是先基本解决环境污染问题，后强化温室气体控制，缺乏对减污降碳协同治理的需求，因此，可供中国参考的经验十分匮乏。在中国，减污降碳协同治理这一创新理念的顶层设计刚刚完成，减污降碳协同治理机制与路径还需进一步完善，基于新发展理念与目前经济发展形势，在排放源头通过能效提升、能源清洁化等减排措施协同治理大气污染物和二氧化碳排放已经成为实现经济社会发展绿色化、低碳化的重要手段。

当前，以新一代信息技术为基础的数字经济逐渐成为推动国家经济发展的重要动力（陈晓红等，2022）。《中国数字经济发展研究报告（2023年）》显示，从规模来看，2022年数字经济规模达50.2万亿元，占GDP比重达41.5%，从增速来看，2022年数字经济名义值同比增长10.3%。具体到数字技术应用，统计数据显示，2023年工业互联网核心产业规模达1.35万亿元，工业互联网覆盖全部工业大类；5G应用融入97个国民经济大类中的71个，2023年5G直接带动经济总产出1.86万亿元。发展数字经济是把握新一轮科技革命和产业变革的战略选择。然而当前中国经济发展与环境保护的长期矛盾尚未根本缓解。

在此背景下，以数字技术应用提高促进减污降碳协同增效正是中国经济发展全面绿色转型的重要途径。因此厘清数字技术应用与减污降碳协同效应的关系以及影响机制，理解经济、能源和环境间的关系对可持续发展的影响有重要理论意义，尤其是对仍处于工业化和城市化阶段且经济处于转型和产业升级关键时期的中国而言，也有重要现实意义。

然而，学者们对数字技术发展的环境影响还没有达成共识。一部分学者认为数字技术应用对生态环境改善而言能够起到积极作用，数字技术可以帮助优化生产和提高资源利用效率，从而达到节能减排的目的。另一部分学者认为数字技术应用会引起生态环境的恶化，数字设备和服务的制造、运行和处置会造成原材料和电力的损耗，进而加剧能源消耗压力以及环境污染。鉴于数字化的快速发展以及其在经济发展中的重要地位，识别数字技术应用对减污降碳协同效应的影响及影响机制至关重要。

一方面，气候变化问题是一个复杂的系统性问题，对我们的生活方式和经济产生了深远的影响。全球变暖导致了极端天气事件的增加，进而可能影响到粮食产量。中国政府十分重视温室气体减排问题，并提出了"3060"远景目标，到2030年实现碳达峰，到2060年实现碳中和，并将该目标纳入生态文明建设整体布局。另一方面，数字经济为我国传统经济注入新动能，数字经济已成为当前发展新质生产力的重要抓手。2024年《政府工作报告》提出要支持制定数字经济高质量发展政策，"人工智能+"等议题已成为各地探讨发展数字经济的热点。因此，如果能实现数字经济和环境问题的耦合，使数字经济和绿色经济协调发展，则既能促进节能减排、减污降碳、助力应对全球气候变化，又能发挥数字经济在社会经济中稳定器的作用。总体来看，研究数字经济发展对减污降碳协同效应的影响具有重要理论意义和现实意义。

在理论层面，揭示并检验数字技术应用对地区减污降碳协同效应的影响能够从发展经济学、数字经济学和资源环境经济学的交叉视角提供新的证据，特别是利用完全消耗系数计算出完全依赖度这一相对指标对全国制造业数字技术投入进行测度，进而根据人均资本水平的比值将该指标分解到地级市层面，能够进一步体现制造业与数字行业之间的直接联系和间接联系，从边际减排成本视角出发，运用非径向方向性距离函数测度中国各地级市 2007~2017 年减污降碳协同效应量化指标并分析变化趋势属于重要的科学事实发展。

在实践层面，如果制造业数字技术应用在具有显著减污降碳协同效应的领域，这意味着制造业数字技术进步不仅促进了传统产业的升级和转型，而且放大产生减污降碳的外部效应，由此也预示着大规模的数字技术应用将带来传统产业升级和减污降碳的双重正向影响，因而促进数字技术在制造业领域的应用将是当前重要且有效的优先政策选择。相反，如果数字技术应用对减污降碳的协同效应为负，则意味着该应用将给制造业的发展带来产业升级和污染或碳排放加剧的两难选择，何以获得最优解将是新的政策难题。

第二节　相关理论

本节详细介绍了与研究主题相关的理论，主要包括新要素理论、可持续发展理论、环境库兹涅茨理论和资源诅咒理论。新要素理论将数据作为第五种生产要素纳入经济系统，阐述了数字技术应用对经济高质量增长的意义。可持续发展对国民经济和社会具有重要的影响和意义，本节从可持续发展理论出发，论述科技进步、数字技术应用可能会给经济发展与资源、环境保护相协调带来新机遇。由于处于不同发展阶段的地区，环境污染和经济发展的关系呈现不同特征，因此根据环境库兹涅茨理论分析数字技术发展能否促进经济增长—减少环境污染阶段的实现就很有必要。而资源型城市是区域经济的重要构成，资源诅咒理论又与资源型城市的发展密切相关，因此本节又引入资源诅咒理论及其传导机制。可以看出，新要素理论、可持续发展理论、环境库兹涅茨理论、资源诅咒等理论形成了一个相互联系的统一体，为本书研究的展开提供了理论支撑和研究思路。

一、新要素理论

生产要素是经济增长的最终动力来源，在人类社会的不同发展阶段，生产要素的构成是不同的。在农业社会，最重要的生产要素是劳动和土地；在工业经济时代，由于社会发展的需要，二要素论逐渐向三要素论过渡，古典增长理论将劳动、土地、资本视为经济增长的最终动力源泉；随着社会进步和研究的深入，技术作为第四种生产要素被纳入经济增长研究，内生增长理论认为经济能够不依赖外力推动实现持续增长，内生的技术进步是保证经济持续增长的决定因素。技术进步虽然看不见、摸不着，却能够在很大程度上影响实体生产要素（劳动力、土地和资本）的生产效率和生产能力（王帅，2023）；随着大数据、人工智能的兴起，数字技术的重要地位日益凸显。2019 年，在党的十九届四中全会上首次明确将数据作为生产要素参与社会分配，2020 年 4 月，《中共中央　国务院关于构建更加完善的要素市场化配置体制机制的意见》进一步明确中国经济的五大要素：土地、劳动力、资本、技术和数据。

数字经济以数据资源为关键要素，数据要素进入经济系统中对其他要素的影响反映出数字技术应用对其他生产要素配置的影响。前期宏观经济增长理论普遍在劳动和资本等传统要素投入的生产函数基础之上，欠缺对数据这一新型生产要素影响的解释能力（杨俊等，2022），导致分析数字技术应用对经济高质量发展的影响缺乏理论支撑。现有部分研究将数据要素纳入内生经济增长模型，以此来探索数据作为一种新兴的生产要素，如何影响要素配置、如何影响经济运行，进一步促进经济高质量发展（Cong 等，2021；田秀娟和李睿，2022；郑安邦和冯华，2024）。由于本书对减污降碳协同效应的测算基于 DEA 方法，从边际减排成本视角出发，重点考虑了投入要素与产出要素间的替代关系，因此引入该理论支撑本书的研究。数字技术赋能实体经济转型发展，主要通过优化生产要素的配置方式，特别是通过制度设计让资源从生产效率低的地方流向生产效率高的地方，从而使得在要素投入数量没有增加的情况下，期望产出水平大幅提高，非期望产出水平包括二氧化碳排放和空气污染物大幅下降（吴绪亮，2021）。

二、可持续发展理论

可持续发展理论是在实践中发展起来的，对可持续发展的研究离不开相关政策的实施（Stagl，2007；Shi 等，2019）。可持续发展经历了思想的萌芽和一系列可持续发展的实践，已由处理环境问题演变为处理全球策略性问题。

从全球视角来看，可持续发展理论从产生到广泛落实到生产生活、社会治理过程中，主要经历了以下几个阶段：第一阶段是概念诞生阶段，标志性事件是 1972 年联合国在瑞典斯德哥尔摩举办了第一次人类环境会议，事件背景是自西方国家走上工业化发展道路之后，严重的环境问题发生频率增加，如何权衡经济发展与环境保护首次受到关注（Sun，2012）。可持续发展的定义首次被系统阐述是在 1987 年世界环境与发展委员会发布的一份与人类发展相关的报告——《我们共同的未来》中，其中将可持续发展定义为"既满足当代人类的需要，又不损害子孙后代满足其需要的发展"。第二阶段是由概念落实到行动。1992 年，联合国在巴西里约热内卢举行环境与发展大会（UNCED），是继斯德哥尔摩会议和《我们共同的未来》报告之后，又一次环境领域的重大会议。会议通过了《里约环境发展宣言》，签订了《联合国气候变化框架公约》等重要文件，会议制定了实施可持续发展的目标和行动计划，确立了构建全球伙伴关系、共同解决全球环境问题的原则，本次会议的重大意义在于将各国政府关于环境治理、可持续发展的宽泛战略目标转化为具体行动（Hu 和 Deng，2004）。第三阶段是可持续发展理念广泛应用。2012 年 6 月联合国在巴西里约热内卢召开"里约+20"峰会，是国际社会在可持续发展领域举行的又一次规模大、级别高的国际会议，峰会确立了可持续发展的四个支柱：经济、社会、环境和治理（Zhu，2016）。

将目光聚焦到中国，由于国情的特殊性与复杂性，是与其他国家完全相同的可持续发展道路并不适合中国，要努力探索一条适应中国经济发展规律的可持续道路。具体来说，在过去经济发展的过程中，中国制造业取得了举世瞩目的成就，制造业增加值占全球比重约30%，连续 14 年居全球首位。但由于过去中国主要依赖承接劳动密集型产业和低技术高消耗产业嵌入全球价值链，因此也存在着一些发展不可持续的问题。而中国特色可持续发展道路要求以人的发展为最终目标，以经济发展为前提，以人口、资源和环境的协调为保障（蔡昉和林毅夫，2004）。这就证明了转变传统高耗能、高污染、高排放的产业发展路径，从源头把关，避免盲目追求产业增量的情况发生，大力引进科技含量高、污染少、能耗低的项目的紧迫性与必要性。按照中国特色可持续发展道路的要求，经济增长应该从依赖数的增加转变到依赖质的提升，也就是说从依靠物质资本密集、劳动力密集型产业逐渐转变到依靠科技进步、人力资本提高拉动经济。

随着科技的进步，数字经济与传统产业和新兴产业融合，在这个过程中，传统产业产品及技术的信息附加值实现提升，新兴产业产品价值实现全面增长（李凌杰，2023）。同时，数字技术的发展与广泛应用既能为具有低碳、节能、绿色、环保特征的新产品的研发提供技术支持，为制造业绿色转型注入新动力，又能提高生产效率和资源利用效率，使中国制造业发展更符合中国特色可持续发展道路的要求。

三、环境库兹涅茨理论

自 20 世纪 90 年代初以来，环境库兹涅茨曲线假说一直是对财富增长与环境恶化之间关系的主要解释。环境库兹涅茨理论认为，制造业发展与自然界的退化呈倒"U"型关系。退化和污染是经济发展初期的主要问题，然而，存在一个临界点，超过这个临界点，日益增长的繁荣实际上有利于环境。环境退化和人均收入水平的若干指标假定位于库兹涅茨曲线上。退化和污染在经济扩张的早期阶段更为常见，但随着人均收入达到一定水平，政策就会发生变化。从长远来看，生活水平的提高将允许更多的环境保护投资，这表明，环境影响是人均 GDP 的倒"U"型函数（Zhang 等，2023）。

数字技术已经成为促进经济增长和改善环境污染的关键。已有研究表明，技术进步对环境造成的任何潜在破坏都会被其带来的好处所抵消（Chen 和 Taylor，2020）。技术进步改善环境污染的途径主要有三个：改变能源消费模式、改组工业结构、将新技术纳入环境政策和管理。传统产业和新兴产业发展依靠数字技术克服时间和空间的限制，加速知识和信息技术在区域间的流动，加快产业布局的绿色变革和脱碳技术创新，降低能耗，提高利用效率，推动社会加速进入库兹涅茨曲线所阐述的人均 GDP 增加、环境污染改善的阶段。

四、资源诅咒理论

传统的经济增长理论将自然资源财富视为一个国家或地区的"意外之财"，因为丰富的自然资源可以促进经济增长。然而，自 20 世纪中叶以来，在自然资源丰富的国家和地区经济增长缓慢的同时，自然资源贫乏的国家和地区却出人意料地取得了显著的经济增长。为了澄清这一颠覆性的事实，Auty（2002）提出了资源诅咒假说，该假说认为丰富的自然资源可能阻碍经济增长。此后，该假说得到了大量证据的证明（Sachs，1997；Papyrakis 和 Gerlagh，2004；Libman，2013；Shao 和 Yang，2014；Behzadan 等，2017；He 和 Mou，2020）。现有文献表明，丰富的自然资源可以诱导高度的自然资源依赖（Corden 和 Neary，1982），通过荷兰病效应、人力资本和创新的挤出效应、制度质量的弱化效应和价格波动效应阻碍经济增长。

具体来说，首先，自然资源依赖会抑制资源型国家和地区制造业的发展，阻碍经济增长。其次，资源型产业的繁荣会排挤资源型国家和地区的人力资本和技术创新。因此，人才和技术的流失进一步对经济增长造成了持续的损害（Mejía，2020）。再次，资源型产业的繁荣会导致腐败和寻租行为，这对制度质量是有害的。更糟糕的是，较差的制度质量会导致无序的资源开发和大量的资源浪费（Papyrakis 和 Gerlagh，2004；Mehlum 等，2006）。最后，资源型国家和地区的经济体系遭受自然资源价格的高度不稳定性，因为这种不稳定性会扰乱宏观经济的稳定性和经济政策的有效性（Rongwei 和 Xiaoying，2020）。

随着资源诅咒理论和全球气候变化的不断深入，资源相关变量对碳排放的影响越来越受到人们的关注。Neumayer（2002）首先从国家层面研究了自然资源禀赋对碳排放的影响，Neumayer 发现，丰富的自然资源刺激了人均碳排放量。Friedrichs 和 Inderwildi（2013）首先提出了碳诅咒假说，认为丰富的化石燃料会增加碳强度。Friedrichs 和 Inderwildi 通过对 41 个国家的统计分析，证明了碳诅咒的存在，并提出了四种传导机制：第一，在化石燃料丰富的国家，大型能源开采行业会带来大量的碳排放，导致高碳强度。第二，容易获得石油和煤炭这类碳密集型化石燃料，可能会挤占气候友好型能源的使用，从而增加碳强度。第三，丰富的化石燃料禀赋会削弱优化能源结构的激励，抑制提高能源效率的投资。这可能会阻碍碳强度的降低。第四，在化石燃料丰富的国家，大量的能源补贴可能导致浪费的能源消费模式和更高的碳强度。

本书基于资源诅咒，主要目的是为下文分析资源型城市和非资源型城市在碳排放、空气污染物排放以及减污降碳协同效应方面表现出的差异奠定理论基础，同时通过梳理资源诅咒理论以及延伸出的碳诅咒理论的传导机制，为资源型城市如何协调经济增长与环境保护，解决资源密集型产业为主导、人力资本和技术创新相对较弱的难题提供理论依据，在数字技术快速扩散的背景下，为实现资源型城市的可持续发展寻找突破口。

第三节　数字技术应用对减污降碳协同效应的影响分析

一、数字技术应用对减污降碳协同效应的直接影响

我国制造业已形成了世界规模最大、门类最齐全、体系最完整、国际竞争力较强的发展优势，保障了国民经济持续增长。与此同时，我国过去工业发展壮大主要依靠劳动力成本优势，承接发达国家劳动密集型产业。然而，在工业制造业迅速崛起的过程中，由于承接的多为附加值低、高耗能高污染产业，且前期为快速发展经济对可持续发展问题重视度不足，由此导致了严重的环境污染（戴翔和杨双至，2022）。数字技术的应用，可以通过改善工业生产流程、提高设备运行效率与管理水平使企业生产效率和节能减排同时得到提升（陈慧灵等，2024）。数字技术赋能工业绿色发展的主要场景包括能耗监测、能源调度、污染源管理与环境监测等。同时，随着数字技术打破地区间、行业间的信息传输壁垒，知识和技术的生产、传播、扩散效率大为提升，促进高新技术企业、高技能人才和研发资本等创新要素集聚和溢出，提高整个社会的知识存量和技术创新水平，进而改善环境质量（石大千等，2018；周梦雯和刘传明，2024）。基于以上分析，本章提出以下假说：

假说 H1：制造业数字技术投入会促进地区减污降碳协同增效。

二、数字技术应用对减污降碳协同效应的间接影响

（一）制造业数字技术应用投入、产业机构升级与减污降碳协同增效

当今世界正处于以数字技术为核心的第四次科技革命发展阶段，数字技术与传统制造业的融合为我国由制造业大国迈向制造业强国提供了不竭

动力，是促进地区产业结构优化调整的重要引擎力量。一方面，数字技术发展可以促进传统产业转型升级，提高传统制造业企业全要素生产率，减少地区经济发展对劳动密集型产业和高污染、高消耗行业依赖。制造业数字技术应用投入的提升，侧面反映出大型互联网企业与制造业企业合作日益密切，互联网企业通过在线的软件库或建立模型等方式，运用人工智能、区块链、云计算、大数据等新兴技术，为制造业企业建立产品模型、碳足迹预测模型等，推动制造业生产模式智能化、生产产品绿色化发展。另一方面，数字技术应用的推广催生出众多节能环保高效的新兴产业，数字技术的进步打破了技术扩散和信息传播的壁垒，为集聚产业链上下游的资源和力量，共同开展前沿技术的研发和应用探索提供便利，同时为高效整合创新优势资源，加快智能网联新能源汽车、前沿新兴氢能、新材料等环保新兴产业发展提供条件。基于以上分析，本章提出以下假说：

假说 H2：制造业数字技术应用投入会通过优化产业结构促进地区减污降碳协同增效。

（二）制造业数字技术应用投入、绿色创新与减污降碳协同增效

数字技术应用对创新链的赋能体现在使创新生产的各个环节数据化、透明化和智能化，及时识别并有效解决价值诉求（张国胜等，2021），推动制造业企业绿色创新发展。首先数字技术应用投入为企业开展绿色创新活动提供了全新技术工具和手段，并且为企业绿色创新提供了资源基础，数字技术应用帮助制造业企业打破空间和时间壁垒，更广泛地整合内部和外部有利资源（Gopalkrishnan，2013）。制造业绿色技术创新中包含了节能减排和清洁能源的先进技术，在节能减排方面，通过生产效率的提升和技术改造可以降低单位碳排放；在清洁能源方面，绿色技术创新通过不断的迭代升级推动了清洁能源的技术进步，促进了光伏、风电、水电等清洁能源的经济成本下降和稳定性提升，进一步替代传统化石能源（田虹和秦喜亮，2024），因此绿色技术创新可以促进地区减污降碳。基于以上分析，本章提出以下假说：

假说 H3：制造业数字技术应用投入会通过提高绿色创新能力促进地区减污降碳协同增效。

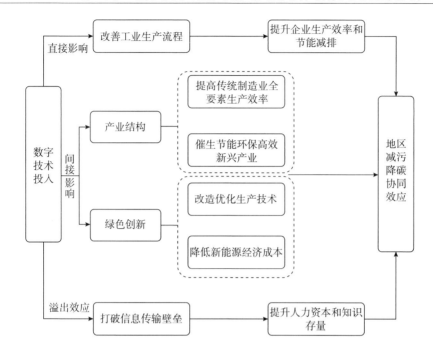

图 3-1　数字技术应用投入对地区降污降碳协同效应影响机制

第四节　减污降碳效应的量化评估

本节将准确理解减污降碳协同效应的内涵，并在此基础上明确减污降碳协同效应的量化评估思路。DEA 作为一种数据驱动的非参数估计方法，能够同时模拟多投入与多产出的生产过程，特别是在资源环境变量的处理上更具优势（Cooper 等，2007）。根据减污降碳协同效应的内涵界定，本书首先以资本、劳动和能源为投入，以生产总值为期望产出，以二氧化碳排放量和 PM2.5 浓度为非期望产出，构建了非径向方向距离函数，之后运用非径向方向距离函数的对偶模型计算出了边际减排成本，在通过联合减排情景下，相较单独减排情景，边际减排成本下降的幅度表征减污降碳协同效应，如此计算对减污降碳协同增效过程的全要素属性给予了充分考量。

一、研究方法

（一）非径向方向距离函数

假设存在 K 个决策单元，使用 N 种投入要素 $x = (x_1, x_2, \cdots, x_N) \in R_N^+$ 用来生产 P 种期望产出 $y = (y_1, y_2, \cdots, y_P) \in R_P^+$ 和 Q 种非期望产出 $b = (b_1, b_2, \cdots, b_Q) \in R_Q^+$，则多产出的环境生产技术可 DEA 模型化为：

$$T(x) = \left\{ \begin{array}{l} (x, y, b) : \sum_{k=1}^{K} \lambda_k x_{nk} \leqslant x_n, \ n = 1, 2, \cdots, N \\[2mm] \sum_{k=1}^{K} \lambda_k y_{pk} \geqslant y_p, \ p = 1, 2, \cdots, P \\[2mm] \sum_{k=1}^{K} \lambda_k b_{qk} = b_q, \ q = 1, 2, \cdots, Q \\[2mm] \lambda_k \geqslant 0, \ k = 1, 2, \cdots, K \end{array} \right\} \qquad (3\text{-}1)$$

其中，λ_k 表示构建生产技术前沿的结构变量，$\sum_{k=1}^{K} \lambda_k b_{qk} = b_q$ 表示该可行性集满足非期望产出具有弱可处置性。

参考 Zhou 等（2012），定义如下考虑非期望产出的非径向方向距离函数：

$$\overrightarrow{ND}(x, y, b; g) = \sup\{w^T\beta : [(x, y, b) + g \times \mathrm{diag}(\beta)] \in T(x)\} \qquad (3\text{-}2)$$

其中，$w = (w_n^x, w_p^y, w_q^b)^T$ 表示与投入和产出相关的标准化权重向量，$g = (-g_x, g_y, -g_b)$ 表示方向向量，$\beta = (\beta_n^x, \beta_p^y, \beta_q^b)^T \geqslant 0$ 表示尺度因子向量。以本书的研究问题为导向，本书将地级市作为生产决策单元，投入分别选取资本投入、劳动力投入和能源投入，在公式中分别用 K、L 和 E 替代，期望产出选取地区生产总值，用 Y 表示，非期望产出选取二氧化碳排放总量和地区 PM2.5 浓度，分别用 C 和 P 表示。$\overrightarrow{ND}(x, y, b; g)$ 的值可通过求解以下 DEA 模型得到。

$$\overrightarrow{ND}(K,\ L,\ E,\ Y,\ C,\ P;\ G)=\max(w_K\beta_K+w_L\beta_L+w_E\beta_E+w_Y\beta_Y+w_C\beta_C+w_P\beta_P)$$

$$s.t.\begin{cases}\sum_{t=1}^{T}\sum_{n=1}^{N}\lambda_n^tK_n^t\leqslant K-\beta_Kg_K\\[6pt]\sum_{t=1}^{T}\sum_{n=1}^{N}\lambda_n^tL_n^t\leqslant L-\beta_Lg_L\\[6pt]\sum_{t=1}^{T}\sum_{n=1}^{N}\lambda_n^tE_n^t\leqslant E-\beta_Eg_E\\[6pt]\sum_{t=1}^{T}\sum_{n=1}^{N}\lambda_n^tY_n^t\geqslant Y+\beta_Yg_Y\\[6pt]\sum_{t=1}^{T}\sum_{n=1}^{N}\lambda_n^tC_n^t= C+\beta_Cg_C\\[6pt]\sum_{t=1}^{T}\sum_{n=1}^{N}\lambda_n^tP_n^t= P+\beta_Pg_P\\[6pt]\lambda_n^t\geqslant 0,\ n=1,\ 2,\ \cdots,\ N\\[6pt]\beta^K,\ \beta^L,\ \beta^E,\ \beta^Y,\ \beta^C,\ \beta^P\geqslant 0\end{cases}\qquad(3-3)$$

本文参照刘华军等（2023）的研究，设定方向向量和权重矩阵：

$$\begin{cases}G=(-K,\ -L,\ -E,\ Y,\ 0,\ -P)\\[4pt]\text{且}W^T=\left(\dfrac{1}{9},\ \dfrac{1}{9},\ \dfrac{1}{9},\ \dfrac{1}{3},\ 0,\ \dfrac{1}{3}\right),\ \text{单独减污}\\[10pt]G=(-K,\ -L,\ -E,\ Y,\ -C,\ 0)\\[4pt]\text{且}W^T=\left(\dfrac{1}{9},\ \dfrac{1}{9},\ \dfrac{1}{9},\ \dfrac{1}{3},\ \dfrac{1}{3},\ 0\right),\ \text{单独降碳}\\[10pt]G=(-K,\ -L,\ -E,\ Y,\ -C,\ -P)\\[4pt]\text{且}W^T=\left(\dfrac{1}{9},\ \dfrac{1}{9},\ \dfrac{1}{9},\ \dfrac{1}{3},\ \dfrac{1}{6},\ \dfrac{1}{6}\right),\ \text{减污降碳}\end{cases}\qquad(3-4)$$

（二）边际减排成本

参考 Zhang 等（2020）和刘华军等（2023）的研究方法，运用式（3-3）的对偶模型计算污染物的边际减排成本，对偶模型如式（3-5）所示：

$$\min q_KK_o^t+q_LL_o^t+q_EE_o^t-q_YY_o^t+q_CC_o^t+q_PP_o^t$$

s. t. $q_K K^t + q_L L^t + q_E E^t - q_Y Y^t + q_C C^t + q_P P^t \geq 0$ （3-5）

$$q_K \geq \frac{1}{g_K}, q_L \geq \frac{1}{g_L}, \quad q_E \geq \frac{1}{g_E}, \quad q_Y \geq \frac{1}{g_Y}, \quad q_C \geq \frac{1}{g_C}, \quad q_P \geq \frac{1}{g_P}$$

其中，q_K，q_L，q_E，q_Y，q_C 和 q_P 表示对偶变量，可以分别解释为投入和非期望产出的影子价格，以及期望产出的边际虚拟收入，通过线性规划来估计，对偶模型（5-3）旨在使虚拟成本最小化。PM2.5 和二氧化碳的边际减排成本的计算方式分别如式（3-6）和式（3-7）所示：

$$q_P = q_Y \frac{P_P}{P_Y} = MAC_{PM2.5}$$ （3-6）

$$q_C = q_Y \frac{P_C}{P_Y} = MAC_{CO_2}$$ （3-7）

在求解边际减排成本时，假定期望产出的绝对影子价格等于其市场价格为 1 元，即 q_Y 为 1 元（陈诗一，2011）。非期望产出的相对影子价格，即边际减排成本可以被解释为为了减少二氧化碳和空气污染物排放所带来的期望产出的下降。因为在环境法规下，减少污染物不是免费的，而是代价高昂的，因为它们会产生与减少期望产出相关的机会成本。

（三）减污降碳协同效应

根据减污降碳效应的定义，即减污的技术政策同时带来的降碳效应和降碳的技术政策同时带来的减污效应，对减污效应和降碳效应加权作和，参考已有研究，在边际减排成本层面将减污降碳协同效应定义为 $T = \partial \Delta C_{PM2.5} + \beta \Delta C_{CO_2}$，$\alpha = \beta = 0.5$。其中，

$$\Delta C_{PM2.5} = \frac{MACT_{PM2.5} - MACB_{PM2.5}}{MACB_{PM2.5}}, \quad \Delta C_{CO_2} = \frac{MACT_{CO_2} - MACB_{CO_2}}{MACB_{CO_2}}。$$

$\Delta C_{PM2.5}$ 是减污效应，表示为相较单独减排时 PM2.5 的边际减排成本，联合减排时 PM2.5 的边际减排成本下降的幅度，ΔC_{CO_2} 是降碳效应，表示为相较单独减排时二氧化碳的边际减排成本，联合减排时二氧化碳的边际减排成本下降的幅度。

二、变量选取与描述性统计

根据上述 DEA 模型以及数据可获得性，本书选取了国内和国际对中国

284 个地级市 2007~2017 年投入和产出相关数据来加以分析。数据主要从《中国城市统计年鉴》、各城市统计年鉴和城市统计公报以及 EDGAR（Emission Database for Global Atmospheric）数据库、华盛顿大学圣路易斯分校发布的全球的地表 PM2.5 浓度数据处获取。具体选取情况如下：

劳动力投入：本书采取各城市的从业人员人数作为劳动力投入指标。

资本投入：本书选取资本存量衡量资本投入。资本存量的计算运用永续盘存法，具体计算过程参考张军等（2004）的研究，用各市基期固定资本形成总额除以 10% 作为基期资本存量；折旧率取 9.6%；关于投资指标，由于无法获取城市固定资本形成总额，使用固定资产投资额；关于投资价格指数，本书使用统计局公布的各城市固定资产投资价格指数进行替代，以 2000 年为基期计算不变价。具体处理方式为：

$$K_{i,t} = K_{i,t-1}(1-\delta_t) + \frac{I_{it}}{P_{it}} \tag{3-8}$$

其中，K 表示本书要算的资本存量，δ 表示折旧率，I 表示固定资产投资，P 表示投资价格指数。

能源投入：能源投入采用 Chen 等（2022）研究中利用粒子群优化—反向传播（PSO-BP）方法估算出的各城市的能源消耗总量。

期望产出：本书选用各城市实际地区生产总值为期望产出。

非期望产出：①碳排放。本书采用的碳排放量数据来自于 EDGARv7.0，EDGARv7.0 提供了按部门和国家的三种主要温室气体（二氧化碳、甲烷、一氧化二氮）和氟化气体的排放量估计数。二氧化碳的排放包括所有化石二氧化碳源，如化石燃料燃烧、非金属矿物工艺（如水泥生产）、金属（黑色金属和有色金属）生产工艺、尿素生产、农业石灰化和溶剂使用。EDGARv7.0 提供的数据集为格点数据，首先把格点数据转换成栅格数据，然后分区域汇总得到 2007~2017 年中国各地级市二氧化碳排放量面板数据。②空气污染物。本书以 PM2.5 浓度表征空气污染程度，数据主要来自于圣路易斯华盛顿大学大气成分分析组分享的 PM2.5 数据。该网站公布的全球和区域 PM2.5 浓度是根据卫星、模拟和监测来源的信息估算的。

综上所述，表 3-1 展示了各变量的描述性统计信息。

表 3-1 投入和产出的描述性统计

变量	观测值	平均值	标准差	最小值	最大值
劳动力/万人	1420	52.74	79.54	4.37	990.00
资本存量/亿元	1420	4395.61	5670.51	200.00	60000.00
能源消耗/万吨标准煤	1420	1339.72	1280.14	150.34	13924.90
GDP/亿元	1420	1980.99	2864.56	61.84	30429.30
二氧化碳排放/万吨	1420	3127.62	4136.23	68.77	53532.70
PM2.5 浓度/微克每立方米	1420	46.12	15.27	14.59	99.09

三、结果分析

（一）减污与降碳的典型事实

保护大气环境不仅关乎到经济持续且健康发展，更关乎到人民群众的生活质量。习近平总书记曾强调了蓝天保卫战在污染防治攻坚战中的重要作用，要大力推进挥发性有机物、氮氧化物等多污染物协同减排，持续降低细颗粒物浓度。要采取综合措施，加快消除重污染天气，守护好美丽蓝天。

自 2013 年起，国家分别发布了《大气污染防治行动计划》《打赢蓝天保卫战三年行动计划》以及《空气质量持续改善行动计划》，治理成效显著。由图 3-2 可以看出，2013 年之前，城市平均 PM2.5 浓度呈现先下降再上升的趋势，2013 年之后城市平均 PM2.5 浓度呈现稳步下降趋势，2013～2017 年，城市平均 PM2.5 浓度从 49.5657 微克/立方米下降到 39.8778 微克/立方米，降幅达 19.5456%。

中国各城市平均碳排放量呈现逐年上升趋势，但碳排放强度呈现逐年下降趋势。由图 3-3 可以看出，2013 年之后碳排放量增加放缓。2007～2013 年，各城市平均碳排放量从 2436.91478 万吨上升到 3417.6638 万吨，年均增速 5.7990%，2013～2017 年，各城市平均碳排放量从 3417.6638 万吨上升到 3492.1247 万吨，年均增速 0.5403%，可见空气污染物的治理同时对减少二氧化碳排放量有积极作用，即存在减污降碳协同效应。

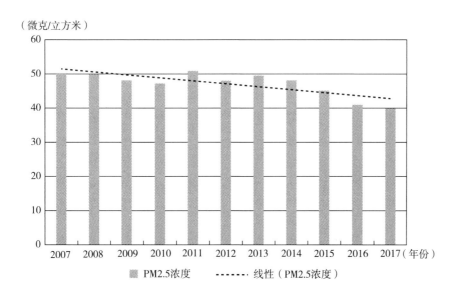

图 3-2 中国各城市平均 PM2. 5 浓度

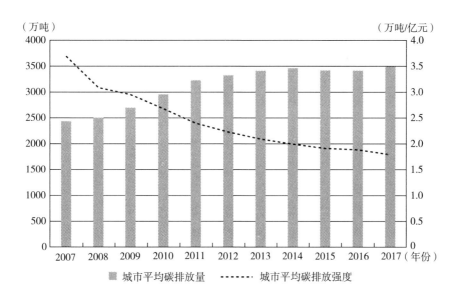

图 3-3 中国各城市平均碳排放量和碳排放强度

总的来说，研究样本期间污染物浓度呈下降趋势，二氧化碳排放量虽然上升，但增速放缓，碳排放强度下降。同时，在研究样本期间，中国数字经济快速发展，2013年开始数字经济增速超过GDP增速（陈梦根和张鑫，2022），数字技术与实体经济生产活动融合更加密切，因此，数字技术应用是否有利于减污降碳的协同治理是亟待研究的现实问题、科学问题。

（二）边际减排成本的现有研究

因为本书计算减污降碳协同效应基于二氧化碳和空气污染物的边际减排成本，因此本部分对不同文献中应用不同方法对二氧化碳及空气污染物的边际减排成本测算结果进行梳理比较，如表3-2所示。本书基准回归主要考虑二氧化碳和PM2.5的协同效应，进一步分析主要考虑二氧化碳和二氧化硫的协同效应，因此在表中主要梳理了现有文献关于二氧化碳、PM2.5和二氧化硫的边际减排成本计算结果。

表3-2 不同文献关于边际减排成本测算价格结果的比较

作者	时间	样本	方法	二氧化碳边际减排成本均值	PM2.5减排成本	二氧化硫边际减排成本
陈诗一和武英涛（2018）	2005~2015年	中国30个省份	参数方法	296.16万元/吨	245.77万元/吨	—
Ji 和 Zhou（2020）	2006~2014年	中国105个城市	参数方法	351.26元/吨	—	150334.06元/吨
沈小波等（2023）	2003~2015年	中国30个省份	参数方法	—	—	0.24~58.73万元/吨
Wang 等（2021）	2001~2015年	中国30个省份	非参数方法	—	—	2582.67美元/吨
沈智扬等（2022）	2000~2019年	50个主要的共建"一带一路"国家	非参数方法	244.0~9609.7美元/吨	—	—

续表

作者	时间	样本	方法	二氧化碳边际减排成本均值	PM2.5减排成本	二氧化硫边际减排成本
Wu 等(2023)	2009~2017年	中国30个省份火电行业	非参数方法	200~350元/吨	—	—
魏丽莉和侯宇琦(2023)	1997~2019年	中国36个工业行业	非参数方法	2.813万元/吨	—	—

总结发现，现有文献关于边际减排成本测算使用最多的函数为 DDF，对其估计一般主要分为两种方法，参数方法和非参数方法。两种方法各有优缺点，非参数方法的优点是无需假设函数形式，计算简单，容易创新，但无法提供参数估计；参数方法虽然可以提供参数估计，但需要假设的前提较多。

（三）全国地级市层面减污降碳协同效应的量化评估

表 3-3 展示了边际减排成本和减污降碳协同效应的计算结果。总体来说，减污降碳协同效应呈现波动上升趋势。从 PM2.5 边际减排成本来看，结合表 3-3 和图 3-4 可以发现，我国边际减污成本呈现波动上升趋势，2007~2017 年，资源型城市单独减排时 PM2.5 的边际减污成本由 1.0842 亿元/（微克/立方米）提高到 1.2143 亿元/（微克/立方米），增幅为 12.00%，联合减排时 PM2.5 的边际减污成本由 0.6762 亿元/（微克/立方米）提高到 0.8687 亿元/（微克/立方米），增幅为 28.47%，可见联合减排时边际减污成本增速更快；非资源型城市单独减排时 PM2.5 的边际减污成本由 1.2052 亿元/（微克/立方米）提高到 1.3299 亿元/（微克/立方米），增幅为 10.35%，联合减排时 PM2.5 的边际减污成本由 0.7840 亿元/（微克/立方米）提高到 0.9709 亿元/（微克/立方米），增幅为 23.84%，可见对于非资源型城市同样是联合减排时边际减污成本增速更快。因此，可以发现与单独减排相比，联合减排时 PM2.5 的边际减污成本较低但其增速较快，所以

减污效应呈缩小趋势。从二氧化碳边际减排成本来看,结合表 3-3 和图 3-5 可以发现,样本考察期内单独减排时边际降碳成本变化较为平缓,呈小幅上升趋势,资源型城市由期初的 225.8436 元/吨上升到期末的 232.0579 元/吨,非资源型城市由期初的 241.6051 元/吨上升到期末的 244.9259 元/吨;联合减排时资源型城市边际降碳成本由 193.8215 元/吨下降到 164.1330 元/吨,非资源型城市边际降碳成本由 199.5475 元/吨下降到 165.1301 元/吨。与单独减排相比,联合减排时边际降碳成本较低且其呈现下降趋势,因此,降碳效应呈扩大趋势。综上所述,2007~2017 年,资源型城市减污效应缩小的幅度为 8.03%,降碳效应扩大的幅度为 123.58%,非资源型城市减污效应缩小的幅度为 16.37%,降碳效应扩大的幅度为 93.54%,降碳效应扩大的比例均大于减污效应缩小的比例,因此减污降碳协同效应整体呈现变大趋势。

表 3-3   城市层面的减污降碳协同效应

		单独减排		联合减排		减污效应	降碳效应	减污降碳协同效应
		边际减污成本	边际降碳成本	边际减污成本	边际降碳成本			
资源型城市	2007 年	1.0842	225.8436	0.6762	193.8215	0.3162	0.1306	0.2234
	2010 年	1.2209	236.4159	0.7857	189.9333	0.3643	0.1938	0.2791
	2012 年	1.2566	238.1474	0.8269	184.8346	0.3510	0.2239	0.2874
	2015 年	1.2441	236.0497	0.8439	173.2808	0.3287	0.2664	0.2976
	2017 年	1.2143	232.0579	0.8687	164.1330	0.2908	0.2920	0.2914
非资源型城市	2007 年	1.2052	241.6051	0.7840	199.5475	0.3408	0.1687	0.2548
	2010 年	1.2953	249.1619	0.8565	188.7234	0.3542	0.2402	0.2972
	2012 年	1.3310	249.9081	0.9014	181.2145	0.3377	0.2751	0.3064
	2015 年	1.3525	246.8217	0.9386	176.7142	0.3186	0.2838	0.3012
	2017 年	1.3299	244.9259	0.9709	165.1301	0.2850	0.3265	0.3057

（元/（微克/立方米））

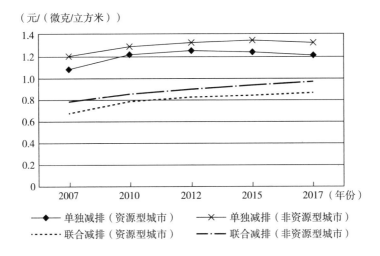

图 3-4　PM2.5 边际减排成本及其变动

（元/吨）

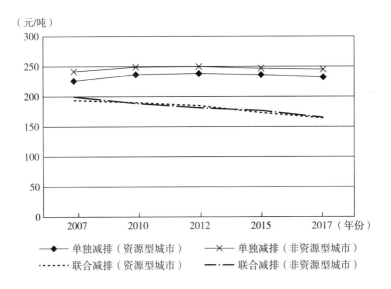

图 3-5　二氧化碳边际减排成本及其变动

从城市类型来看，PM2.5 和二氧化碳的边际减排成本表现出异质性特征。由图 3-1 可知，在边际减污成本和边际降碳成本方面，非资源型城市均高于资源型城市。这种差异可能是由于污染物减排的规模效应引起的（Hettige 等，1996；Dasgupta 等，2001；Murty 等，2007；涂正革，2009；林枫和金刚，2023），简单来说，这种规模效应可以理解为在污染物浓度比较高时，减污难度相对较小，边际减排成本较低，但随着减排进程的推进，相对容易治理的环境污染问题得到控制，而要想进一步减少温室气体和空气污染物就变得困难，在资源型城市和非资源型城市异质性的问题上体现为污染物减排的规模效应在资源型城市体现更明显，资源型城市部分地区开发强度过大，资源综合利用效率低，高耗能、高污染产业项目集中，因此污染治理可以集中在对这些低效企业监管改造，对于非资源型城市，空气污染物和温室气体排放虽然较资源型城市少，但都是相对更为必要的排放，因此减排治理更加困难，综合来看，非资源型城市边际减排成本高于资源型城市。同时，随着减排进程推进，减排难度会逐步加大，即体现在样本期内单独减排时，PM2.5 和二氧化碳边际减排成本呈波动上升趋势，这与魏楚（2014）得到的结果基本一致。

第五节　数字技术应用投入对减污降碳协同效应影响的实证分析

一、变量选择与数据说明

（一）解释变量和被解释变量

本章首先将投入产出表中谷物磨制部门、金属制品、机械和设备修理服务部门提取出来统一合并为制造业部门，然后综合评估可操作性，依据国家统计局 2021 年最新公布的《数字经济及其核心产业统计分类（2021）》，选取其中的数字技术应用业，结合中国投入产出表部门分类解释及代码，参考武晓婷和张恪渝（2022）的研究将投入产出表 149 部门中与之相对应的部门提取出来，并归类为数字技术应用业（见表3-4）。

表 3-4 数字技术应用产业分类说明

数字经济产业	分类	投入产出表部门代码（149 部门）	说明
数字技术应用业	软件开发	65124	基础软件、支撑软件、应用软件及其他软件开发
	电信、广播电视和卫星传输服务	63121、63122	电信、广播电视和卫星传输服务
	互联网相关服务	64123	互联网接入、搜索、游戏、资讯、安全、数据及其他互联网相关服务
	信息技术服务	65125、74133	集成电路设计、信息系统集成、物联网、地理遥感等信息技术服务业及其他数字内容服务
	其他数字技术应用业	75134	三维打印技术推广

在界定制造业部门和数字技术应用部门后，参照张晴和于津平（2021）对数字赋能指标的构建，首先运用投入产出方法测度制造业数字技术应用水平。现有研究主要采用直接消耗系数法或完全消耗系数法。

直接消耗系数是指在生产经营过程中直接对生产资料或劳务的生产消耗；而完全消耗是指直接消耗和间接消耗的总和，间接消耗包括了对某部门直接消耗所引起的对整个经济系统内其他部门生产产品的消耗，体现了某部门产品生产对整个经济系统各部门所生产产品的完全消耗，体现了产业间联系。因此本书采用完全消耗系数来测度制造业投入数字技术应用水平，具体计算公式为：

$$\text{InputDigital}_{dj} = \alpha_{dj} + \sum_{l=1}^{n} \alpha_{dl}\alpha_{lj} + \sum_{s=1}^{n}\sum_{l=1}^{n} \alpha_{ds}\alpha_{sl}\alpha_{lj} \qquad (3-9)$$

其中，α_{dj} 表示 j 行业对 d 行业的直接消耗；$\sum_{l=1}^{n} \alpha_{dl}\alpha_{lj}$ 表示 j 行业通过消耗 l 行业产品进而对 d 行业产生的间接消耗；$\sum_{s=1}^{n}\sum_{l=1}^{n} \alpha_{ds}\alpha_{sl}\alpha_{lj}$ 表示 j 行业因为

消耗 l 行业产品，由此所产生的对 s 行业产品的消耗，进而引起对 d 行业的间接消耗；以此类推，第 n+1 项表示对 d 行业第 n 轮间接消耗。因完全消耗系数为绝对指标，可能无法刻画制造业部门来自数字技术应用部门的投入在所有部门投入中的相对作用，因此本书在上述基础上参考戴翔和杨双至（2022）的研究，采用完全依赖度这一相对指标对制造业部门投入的数字技术应用水平进行测度，具体计算公式如下：

$$\text{digital}_{jt} = \sum_d \frac{\text{complete}_{dj}}{\sum_{k=1}^{N} \text{complete}_{kj}} \tag{3-10}$$

其中，complete_{kj} 表示 j 行业对各投入行业 k 的完全消耗系数；而 digital_{dj} 表示制造业完全消耗的数字技术应用行业投入于总投入的比值，反映了制造业行业所内含的数字技术应用投入水平。根据所得到的全国层面制造业数字技术应用投入水平数据，进一步将该指标分解到地级市层面以衡量各地级市的数字技术应用。为了进一步将其拓展至地级市层面，本书参照根据张晴和于津平（2021）的研究，通过地级市的人均资本水平来近似刻画城市间数字技术的异质性，具体计算如下：

$$\text{Digital}_{it} = \frac{\text{Capitalper}_{it}}{\text{AverCapitalper}_t} \times \text{alldigital}_t \tag{3-11}$$

其中，Capitalper_{it} 表示城市的人均资本水平；AverCapitalper_t 表示全国在 t 年的人均资本量的平均值；alldigital_t 表示 t 年全国层面制造业数字技术应用行业投入；Digital_{it} 表示城市 i 的制造业在 t 年的数字技术应用水平[①]。

关于被解释变量，本书选取第四章计算得到的各城市的减污降碳协同效应。

（二）机制变量

1. 产业结构高度化

产业结构高度化的量（ind_quan）采用产业结构层次系数表示，即按

---

① 参考张晴和于津平（2021）的方法，运用城市人均资本存量与全国各城市人均资本存量均值的比值来体现城市间制造业数字技术应用投入的异质性。主要依据是：城市拥有人均资本存量越大，越有利于数字技术应用程度的提升。

三次产业的层次高低依次赋权，具体体现为加权求和形式（袁航和朱承亮，2018），计算公式为：

$$ind_{quani,\,t} = \sum_{m=1}^{3} y_{i,\,m,\,t} \times m, \quad m = 1,\ 2,\ 3 \tag{3-12}$$

其中，$y_{i,m,t} = \dfrac{Y_{i,m,t}}{Y_{i,t}}$，表示地区 i 在样本期 t，m 产业的生产总值占各产业生产总值之和的比重，描述了产业结构由第一产业为主向第二产业、第三产业为主转变的进程。

但简单地将产业结构优化形容为由第一产业向第三产业过渡是不全面的，因此引入了产业结构高度化的质，产业结构高度化的质（ind_qua）体现了由劳动生产率低的产业向劳动生产率高的产业过渡的过程。具体体现为各产业占地区生产总值的比重与各产业劳动生产率的乘积（刘伟等，2008），计算公式为：

$$ind_{quai,\,t} = \sum_{m=1}^{3} y_{i,\,m,\,t} \times lp_{i,\,m,\,t}, \quad m = 1,\ 2,\ 3 \tag{3-13}$$

其中，$y_{i,\,m,\,t}$ 同式（3-12），$lp_{i,\,m,\,t}$ 表示 i 地区第 m 产业在 t 时期的劳动生产率，计算公式为：

$$lp_{i,\,m,\,t} = Y_{i,\,m,\,t} / L_{i,\,m,\,t} \tag{3-14}$$

其中，$Y_{i,\,m,\,t}$ 表示 i 地区第 m 产业 t 时期的增加值，$L_{i,\,m,\,t}$ 表示 i 地区第 m 产业 t 时期的就业人员。考虑到式（3-14）中 $Y_{i,\,m,\,t}$ 是比重形式，不存在量纲，为了统一，本部分用均值化方法对 $lp_{i,\,m,\,t}$ 进行了无量纲处理。

为了更好地阐述产业结构高级化作为机制变量在制造业数字技术应用投入对地区减污降碳协同效应产生的影响中所起到的作用，本书分析了样本期内样本城市产业结构总体的演变情况，用产业结构高级化的质和产业结构高级化的量的均值表征。由图 3-6 可以看出，产业结构高级化的质呈逐年递增趋势，说明劳动生产率高的产业在生产总值中所占比例逐年增加；产业结构高级化的量总体呈上升趋势，在 2012 年有小幅下降，说明产业结构变化的总体方向还是由第一产业占主导逐渐向第二产业、第三产业占主导过渡。

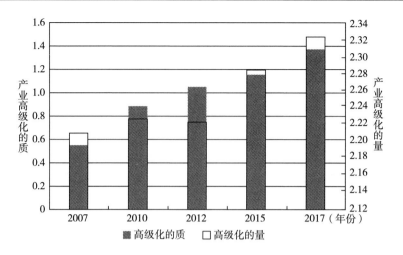

图 3-6　产业结构高级化水平

2. 绿色创新

本书选用地区绿色专利申请数量总数表征该市绿色创新水平，又依据绿色专利类型将其分为发明型绿色专利和实用新型绿色专利。

同时为了更好地分析制造业数字技术应用投入如何影响绿色创新，进而影响地区减污降碳协同效应，本书分析了样本期内样本城市绿色创新的演变情况，分别用绿色专利中的发明型专利申请数量和实用新型专利申请数量的城市均值表征。可以看出，绿色专利申请总数总体上呈现上升趋势，发明型专利申请数量和实用新型专利申请数量也均呈现上升趋势。但两种类型专利申请数量在绿色专利申请数量中所占比例存在地区异质性。对于资源型城市来说，实用新型专利申请数量占主导，实用新型专利申请数量大于发明型专利申请数量（见图 3-7）；对于非资源型城市来说，发明型专利申请数量占主导，发明型专利申请数量大于实用新型专利申请数量（见图 3-8）。

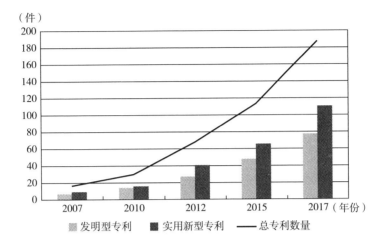

图 3-7 资源型城市绿色专利申请数量

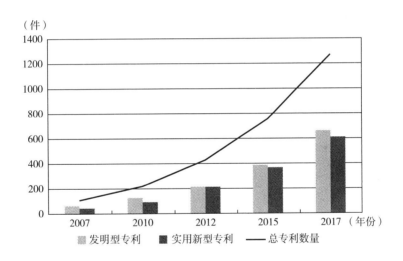

图 3-8 非资源型城市绿色专利申请数量

（三）控制变量

本书参考现有文献对以下变量进行控制：碳排放强度用单位 GDP 碳排放量表示；科技水平用城市财政支出中的科技支出占一般预算支出的比重来表示；金融发展水平用各年份城市年末存贷款总额占地区 GDP 的比重来表示。

(四) 数据来源与描述性统计分析

由于部分城市"撤县设区"等政策以及一些城市在城市统计年鉴中缺失本书研究需用到的重要数据，因此将其剔除，最终得到了 284 个城市 2007~2017 年的面板数据。数据主要来源于国家统计局官网公布的中国投入产出表以及城市统计年鉴。本书为消除异方差问题等带来的误差，对制造业数字技术应用投入采取了取自然对数的处理方式，变量的描述性统计分析情况如表 3-5 所示。

表 3-5 变量的描述性统计

变量类型	变量符号	指标名称	指标测算方法	平均值	标准差	最小值	最大值
解释变量	dig	数字技术应用投入	投入产出表计算制造业数字技术应用投入	0.0153	0.0119	0.0020	0.1174
被解释变量	T	减污降碳协同效应	$T = \alpha \Delta C_{PM_{2.5}} + \beta \Delta C_{CO_2}$	0.2861	0.1362	-3.3418	0.7223
控制变量	C	碳排放强度	单位 GDP 碳排放量	2.4606	2.5726	0.0538	32.3294
	fin	金融发展水平	各年份城市年末存贷款总额占地区 GDP 的比重	2.1911	1.0979	0.6353	12.5714
	tec	科技水平	城市财政支出中的科技支出占一般预算支出的比重	0.0146	0.0133	0.0007	0.1248
机制变量	ind_qua	产业高级化的质	$ind\_qua_{i,t} = \sum_{m=1}^{3} y_{i,m,t} \times lp_{i,m,t}$ $(m=1, 2, 3)$	1.0034	0.6435	0.1271	7.0858
	ind_quan	产业高级化的量	$ind\_quan_{i,t} = \sum_{m=1}^{3} y_{i,m,t} \times m$ $(m=1, 2, 3)$	2.2518	0.1470	1.0902	2.8016
	pat_ut	绿色专利_实用	实用型绿色专利申请数量	180.0829	527.2529	0.0000	7371.0000
	pat_in	绿色专利_发明	发明型绿色专利申请数量	189.6593	725.8012	0.0000	14464.0000

二、基准回归

（一）模型构建

为了验证假设 1、假设 2、假设 3，本书构建面板数据模型，检验制造业数字技术投入应用对地区减污降碳协同效应的影响。

$$CO_{2_{it}} = \alpha_0 + \beta_1 \ln Digital_{it} + \gamma Z_{it} + \lambda_t + \varepsilon_{it} \tag{3-15}$$

$$PM2.5_{it} = \alpha_0 + \beta_2 \ln Digital_{it} + \gamma Z_{it} + \lambda_t + \varepsilon_{it} \tag{3-16}$$

$$T_{it} = \alpha_0 + \beta_3 \ln Dig_{it} + \gamma Z_{it} + \lambda_t + \varepsilon_{it} \tag{3-17}$$

$$MAC_{PM2.5_{it}} = \alpha_0 + \beta_1 \ln Digital_{it} + \gamma Z_{it} + \lambda_t + \varepsilon_{it} \tag{3-18}$$

$$MAC_{CO_{2_{it}}} = \alpha_0 + \beta_2 \ln Digital_{it} + \gamma Z_{it} + \lambda_t + \varepsilon_{it} \tag{3-19}$$

其中，i 表示城市；t 表示年份；$CO_{2_{it}}$ 表示 i 市在 t 年的碳排放量；$PM2.5_{it}$ 表示 i 市在 t 年的空气污染物浓度；$Digital_{it}$ 表示制造业的数字技术应用赋能，也是本书最关心的核心解释变量；T_{it} 表示 PM2.5 和二氧化碳的减污降碳协同效应；$MAC_{PM2.5_{it}}$ 和 $MAC_{CO_{2_{it}}}$ 分别表示 PM2.5 和二氧化碳的边际减排成本；Z_{it} 表示一系列相关控制变量。

（二）实证结果

制造业数字技术应用投入可以显著降低本市的碳排放量以及 PM2.5 浓度，同时，制造业数字赋能促进了本市减污降碳协同效应。由于本书减污降碳协同效应由边际减排成本表征，本书又分别对减污的边际减排成本和降碳的边际减排成本进行回归，回归结果如表 3-6 所示。根据回归结果可以看出，总体来说，制造业数字技术应用投入可以分别显著降低边际减污成本和边际降碳成本，同时，由表 3-7 可知，在单独减排情境下，制造业数字技术应用投入每提高 1%，边际减污成本就会下降 0.0844 元，边际降碳成本就会下降 5.9050 元；而在联合减排情境下，制造业数字技术应用投入每提高 1%，边际减污成本就会下降 0.1062 元，边际降碳成本就会下降 7.9936 元，因此，无论是对二氧化碳的边际减排成本还是对 PM2.5 的边际减排成本，制造业数字技术应用投入均在联合减排情境下作用更为明显，这进一步印证了表 3-6 的制造业数字技术应用投入会显著促进减污降碳协同效应。

表3-6　基准回归结果（a）

	碳排放量		PM2.5 浓度		减污降碳协同效应	
	（1）	（2）	（3）	（4）	（5）	（6）
Digital	-1006.2640 *	-990.6292 *	-2.2695 ***	-1.7736 **	0.0268 ***	0.0201 *
	（-1.86）	（-1.86）	（-2.92）	（-2.39）	（3.17）	（1.86）
碳排放强度	—	—	—	—	—	-0.0078 *
						（-1.90）
金融发展水平	—	54.2080	—	0.7222 **	—	-0.0024
		（1.16）		（2.54）		（-0.48）
科技水平	—	5285.4370	—	-81.4691 ***	—	0.2533
		（1.08）		（-4.65）		（0.56）
固定效应	是	是	是	是	是	是
观测值	1420	1420	1420	1420	1420	1420
R²	0.0346	0.0229	0.0454	0.0255	0.0443	0.0588

注：***、** 和 * 分别表示在1%、5%和10%的水平上显著；括号内为 t 值。本章下同。

表3-7　基准回归结果（b）

	边际减污成本		边际降碳成本	
	单独减排	联合减排	单独减排	联合减排
Digital	-0.0844 ***	-0.1062 ***	-5.9050 ***	-7.9936 *
	（-2.99）	（-2.78）	（-2.98）	（-1.72）
控制变量	是	是	是	是
固定效应	是	是	是	是
观测值	1420	1420	1420	1420
R²	0.3393	0.2401	0.2995	0.1133

三、机制检验

（一）产业机构升级的作用机制检验

以上实证结果表明，制造业数字技术应用投入对该地区减污降碳协同效应具有显著促进作用。那么，数字技术应用投入通过何种途径促进减污降碳协同增效？根据前文理论分析，制造业数字技术应用投入水平的提升会通过改善地区产业结构，从而促进地区减污降碳协同增效。本书分别采用产业结构高度化的质和产业结构高度化的量来衡量地区产业结构的优化，并对这一机制进行回归分析。通过（杜欣，2023）研究中所采用的三阶段最小二乘法对该机制进行实证检验：

$$M_{it} = \alpha_0 + \alpha_1 dig_{it} + \sum_{p=1}^{n} \theta_p Z_{it} + \mu_{it} + \lambda_t + \varepsilon_{it} \tag{3-20}$$

$$T_{it} = \beta_0 + \beta_1 dig_{it} + \beta_2 M_{it} + \sum_{p=1}^{n} \varphi_p Z_{it} + \mu_{it} + \lambda_t + \varepsilon_{it} \tag{3-21}$$

其中，M_{it} 表示产业结构转型，用产业结构高度化表征，产业结构高度化是实现高效益产业结构的重要表征，体现了产业结构依据经济发展规律由低水平向高水平转换的演进过程（袁航和朱承亮，2018）。产业结构高度化包括了产业结构高度化的质和产业结构高度化的量两个层面，计算方法如前文所述。控制变量组 Z_{it} 与前文设定相同。

由表3-8可知，对于产业高度化的质，所得估计结果与理论预期一致，表3-8中（1）列 digital 的估计系数显著为正，即制造业数字赋能促进了该地区产业结构高度化质的提升，而且通过将表3-8中（2）列 digital 的估计系数0.0198与基准回归结果表3-6中（6）列 digital 的估计系数0.0201做对比，可以发现加入产业结构高度化的质这一变量后，数字技术应用投入的估计系数变小了，说明制造业数字技术应用投入确实可以通过提升产业高度化的质对本地区减污降碳协同效应产生积极影响。但产业结构高度化的量这一机制效果不显著，这是因为制造业数字技术应用投入的增加不一定能通过推动当地从第一产业向第二产业、第三产业顺次演进的步伐，进而实现减污降碳增效，同时第二产业、第三产业相对份额占比高的地区并不意味着比第一产业相对份额占比高的地区边际减污成本低，边际降碳成本低也就是减污降碳协同效果更明显；但产业结构高度化的质提升意味着劳动生产率较高的产业所占份额较大，一方面，制造业数字技术应用投入提升可以促进制造业劳动生产率的提高，同时可以为本市吸引、培育一批高技术人才，另一方面，劳动生产率高的产业占据主导地位，这会倒逼一些高耗能、低效率企业转型,并且优秀的人力资本有助于加速低碳知识、绿色技术的流动与扩散,易于带来较强的正外部性,进而推动该地区减污降碳协同效应。

表3-8 产业机构升级的作用机制检验

变量名	产业结构高度化的质	减污降碳协同效应	产业结构高度化的量	减污降碳协同效应
	(1)	(2)	(1)	(2)
Digital	0.4490***	0.0198*	0.0847***	0.0183
	(4.52)	(1.83)	(9.85)	(1.60)
产业结构高度化的质	—	0.0007***	—	—
		(4.03)		
产业结构高度化的量	—	—	—	0.0214
				(1.44)
碳排放强度	-0.0411*	-0.0078*	0.0021	-0.0079*
	(-1.78)	(-1.89)	(1.63)	(-1.91)
金融发展水平	-0.1003	-0.0023	0.0487***	-0.0035
	(-1.50)	(-0.46)	(10.16)	(-0.75)
科技水平	-3.1845	0.2593	1.1826***	0.2261
	(-0.47)	(0.57)	(2.91)	(0.50)
固定效应	是	是	是	是
观测值	1420	1420	1420	1420
R^2	0.0160	0.0538	0.1990	0.0541

(二)绿色创新的作用机制检验

根据前文理论分析,本书对绿色创新的作用机制进行检验,选用绿色专利申请数量来衡量该地区绿色创新程度,将其作为机制变量代入回归,模型如下:

$$M'_{it} = \alpha_0 + \alpha_1 dig_{it} + \sum_{p=1}^{n} \theta_p Z_{it} + \mu_{it} + \lambda_t + \varepsilon_{it} \qquad (3-22)$$

$$T_{it} = \beta_0 + \beta_1 dig_{it} + \beta_2 M'_{it} + \sum_{p=1}^{n} \varphi_p Z_{it} + \mu_{it} + \lambda_t + \varepsilon_{it} \qquad (3-23)$$

其中，M'_{it} 表示该地区绿色创新程度，用该地区绿色专利申请数量表征，绿色专利是以绿色技术为主题申请的专利，而绿色技术具体指通过减少能源消耗和污染来改善生态环境，进而促进生态文明建设的新兴技术。控制变量组 Z_{it} 与前文设定相同。

绿色创新的作用机制检验结果如表3-9所示。

表3-9　绿色创新的作用机制检验

变量名	实用新型专利数量	减污降碳协同效应	发明专利数量	减污降碳协同效应
	（1）	（2）	（1）	（2）
Digital	0.5763***	0.0190*	0.6868***	0.0224**
	(6.53)	(1.69)	(6.67)	(2.29)
实用新型专利数量	—	0.0063*	—	—
		(1.78)		
发明专利数量	—	—	—	0.0054
				(1.45)
碳排放强度	−0.0623***	−0.0080*	−0.0540**	−0.0069*
	(−2.70)	(−1.82)	(−2.15)	(−1.67)
金融发展水平	0.1811***	−0.0043	0.1950***	−0.0047
	(3.56)	(−0.82)	(3.95)	(−0.85)
科技水平	24.9724***	−0.1393	31.8378***	−0.1776
	(7.33)	(−0.26)	(8.37)	(−0.31)
固定效应	是	是	是	是
观测值	1382	1382	1369	1369
R^2	0.5927	0.0597	0.5808	0.0563

据此可见，制造业数字技术赋能确实能够增加该地区绿色专利数量；进一步地，实用新型绿色专利数量这一机制变量的系数回归估计值显著为正，也就是说，本地区实用新型绿色专利数量增加在制造业数字技术赋能促进地区减污降碳协同效应中起到了中介机制作用。但发明专利数量这一机制效果不显著，造成这种差异的原因可以从不同类型专利地区分布数量

来解释。从绿色专利总数来看，东南地区申请数量整体高于西北地区申请数量、非资源型城市申请数量整体高于资源型城市申请数量，但分专利类型来看，发明专利在专利总数中占比高的城市主要集中在东南地区，而西北地区资源型城市实用新型专利申请数量往往高于发明专利申请数量。结合前文边际减排成本分析可知，西北地区资源型城市环境问题更为突出，污染物排放基数更大，污染物减排规模效应更明显，边际减排成本更低，也就是对比东南地区，西北地区减排相对较易，因此制造业数字技术应用投入通过提高实用新型专利申请数量进而促进地区减污降碳协同效应这一机制效果显著，对发明专利来说，虽然制造业数字技术应用投入提升会显著增加绿色发明专利数量，但促进地区减污降碳协同效应不显著；同时考虑到两种专利的特性，相较于发明专利对创造性和技术水平的高要求，实用新型专利的特点体现在研发成本低、周期短，能更快适应经济发展需求且实用性强，这也进一步印证了在促进减污降碳协同效应方面，实用新型专利的效果比发明专利更明显。

四、异质性分析

本章探讨的是制造业数字技术应用赋能对地区减污降碳协同效应带来的影响，所使用的样本聚焦于地级市层面。根据前文研究，制造业数字技术应用赋能确实能够促进地区减污降碳协同增效，但值得注意的是，前文的研究也指出资源型城市和非资源型城市在边际减排成本、减污降碳协同效应以及绿色技术创新方面均表现出差异，因此制造业数字技术应用赋能带来的积极影响可能会呈现一定的地区异质性。针对这一问题，本书依据2013 年 12 月 3 日国务院公布的《全国资源型城市可持续发展规划（2013—2020 年）》，将样本所包含的地级市划分为资源型城市和非资源型城市，具体回归结果如表 3-10 所示。可以看出，在资源型城市和非资源型城市，制造业数字技术应用均对减污降碳协同效应有显著的影响，但根据估计系数大小判断，制造业数字技术应用对资源型城市减污降碳协同效应的影响更大。

表 3-10　基于城市类型差异的异质性检验

变量名	资源型城市		非资源型城市	
	减污降碳协同效应	减污降碳协同效应	减污降碳协同效应	减污降碳协同效应
Digital	0.0443 **	0.0421 **	0.0237 ***	0.0160 **
	（2.35）	（2.42）	（3.47）	（2.26）
控制变量	否	是	否	是
常数项	0.4748 ***	0.4911 ***	0.3969 ***	0.3425 ***
	（5.95）	（5.45）	（12.44）	（9.24）
观测值	565	565	855	855
R^2	0.0223	0.0265	0.0330	0.0358

这可能是因为与一般城市相比，资源型城市经济发展以第二产业为主，自然资源开发利用在经济中所占比重较大，这导致了资源型城市突出的资源依赖过度、技术水平低下、创新基础薄弱、高耗能高排放等特征，在我国节能减排工作持续推进的背景下，亟须转变粗放式发展模式，而数字技术蓬勃发展就为此提供了有利契机，因此制造业数字技术应用投入对资源型城市减污降碳协同效应的影响较一般城市更大。

五、稳健性检验

（一）替换解释变量

考虑到基本回归结果中，由于数据限制，制造业数字技术应用投入是采用全国投入产出表计算完全依赖度后，利用人均资本比例拆分到各地级市的，可能存在一定偏差，通过深入阅读相关文献发现，虽然关于多区域投入产出表的研究多集中于国际或省际尺度，但 Zheng 等（2022）基于熵值模型，构建了一套城市尺度投入产出模型的编制框架，并编制了 2012 年、2015 年和 2017 年我国 309 个地级城市与 4 个直辖市的多区域投入产出表①。编制采取半调查途径，结合统计数据与假设条件，以省为单位，自下而上

---

①　资料来源：https：//www.ceads.net.cn/news/20221272.html。

编制该省城市尺度多区域投入产出表，通过省级投入产出表相互嵌套而成。

本书运用 Zheng 等（2022）编制的 2012 年、2015 年和 2017 年城市级 MRIO 直接计算出分来源的地级市制造业数字技术应用投入，之后运用 OLS 回归对基本回归结果的稳健性进行检验，结果如表 3-11 所示。

表 3-11   区别数字投入来源

变量名	减污降碳协同效应		减污降碳协同效应	
	（1）	（2）	（1）	（2）
Digital_self	6.7997***	5.1960**	—	—
	（3.27）	（2.49）		
Digital_other	—	—	−1.3785	−1.1192
			（−1.35）	（−1.05）
控制变量	否	是	否	是
常数项	0.2903***	0.2737***	0.3083***	0.2825***
	（70.32）	（33.25）	（47.08）	（29.33）
观测值	818	818	818	818
R^2	0.0133	0.0308	0.0019	0.0248

可以看出，制造业来自本地区的数字技术应用投入增加对该地区减污降碳协同效应具有显著的积极作用，但制造业来自其他地区的数字技术应用投入增加对该市减污降碳协同效应影响不显著，这说明目前来看，制造业数字技术投入应用对减污降碳协同效应影响的区域溢出效应不显著。

（二）替换被解释变量

为了进一步检验制造业数字技术应用投入对二氧化碳和其他污染物的减污降碳协同效应是否也存在促进作用，本书计算了二氧化硫的边际减排成本以及减污降碳协同效应，二氧化硫排放数据来源于城市统计年鉴中的全市工业二氧化硫排放量，结果如表 3-12 所示。可以发现减污降碳协同效应在样本期内基本呈现上升趋势，且二氧化碳和二氧化硫的减污降碳协同效应大于二氧化碳和 PM2.5 的减污降碳协同效应。回归结果如表 3-13 所示，可以发现制造业的数字技术应用投入增加对本地二氧化碳和二氧化硫的减污降碳协同效应也具有显著的积极促进作用。

表3-12　二氧化硫的边际减排成本

年份	单独减排		联合减排		减污效应	降碳效应	减污降碳协同效应
	边际减污成本	边际降碳成本	边际减污成本	边际降碳成本			
2007	12050.9472	235.3338	11490.7747	84.7347	0.0288	0.6201	0.3245
2010	13657.3944	244.0904	13177.1831	61.6209	0.0352	0.7380	0.3866
2012	14091.8662	245.2287	13667.5352	55.3373	0.0301	0.7639	0.3970
2015	13587.5352	242.5357	12680.7747	88.9460	0.0655	0.6298	0.3476
2017	12866.3732	239.8059	12640.8803	24.6682	0.0192	0.8912	0.4552

表3-13　二氧化硫和二氧化碳减污降碳协同效应

变量名	减污降碳协同效应	减污降碳协同效应
	（1）	（2）
Digital	0.1047***	0.0592**
	（3.01）	（2.37）
碳排放强度	—	−0.0362**
		（−2.52）
金融发展水平	—	0.0084
		（1.11）
科技水平	—	−0.7123
		（−0.96）
固定效应	是	是
观测值	1420	1420
R^2	0.0372	0.3212

第六节　本章小结

党的十九届六中全会通过的《中共中央关于党的百年奋斗重大成就和

历史经验的决议》提出，必须实现创新成为第一动力、协调成为内生特点、绿色成为普遍形态、开放成为必由之路、共享成为根本目的的高质量发展。实现减污降碳协同增效是促进经济社会发展全面绿色转型的总抓手，是推动绿色低碳高质量发展的有效途径。数字技术与实体经济深度融合，特别是与制造业的深度融合，能够极大地提高生产效率并促进传统生产方式转变，有望成为工业发展新的支撑动力，由此推动与传统发展模式有着重要区别的新型工业化可持续发展，包括通过数字技术与传统工业结合以实现绿色化转型，进而实现地区高质量发展。

环境污染与碳排放协同控制是绿色发展的必然要求，数字技术的广泛应用为新时期中国绿色发展提供新动能。在此背景下，本书基于2007~2017年我国284个城市的面板数据，实证检验了制造业数字技术应用投入对减污降碳协同效应的影响效应及作用机制。研究发现：减污降碳协同效应呈现波动上升趋势，制造业数字技术应用投入可以促进地区减污降碳效应。从具体作用机制来看，制造业数字技术赋能主要通过产业结构优化改善和绿色创新能力提升来促进地区减污降碳协同增效。异质性分析得出相较于非资源型城市，制造业数字技术应用对地区减污降碳协同效应的积极影响在资源型城市体现更为明显。因此，应持续加大数字技术研发投入，推进其在环境治理方面的深入应用，以充分发挥数字技术应用投入促进城市绿色发展的作用。本书对夯实制造业绿色化转型、地区减污降碳协同增效的数字技术赋能基础有重要的政策启示。

第四章 数字鸿沟对农村居民消费潜力的影响

第一节 问题的提出

当前中国正处于"十四五"规划的重要发展阶段，如何保证经济发展的质量和韧性，是时代赋予中国的新答卷。党的二十大报告指出，总需求不足是当前经济运行面临的突出矛盾。必须大力实施扩大内需战略，采取更加有力的措施，使社会再生产实现良性循环。消费作为拉动经济增长的重要动力，承担着保持经济平稳较快发展的重大责任。因此，消费对经济发展的基础性作用也受到了学术界和政策界的高度重视。进一步释放居民消费潜力，形成强大的消费市场，是推动建设以国内大循环为主新发展格局的重要举措。然而农村消费潜力不足成为国内消费不足的最大短板（王奕霏等，2023），国家统计局数据显示，2023 年我国城镇居民人均消费支出32994 元，而农村居民人均消费支出 18175 元。已有研究表明，造成农村居民消费潜力不足的传统因素包括收入水平、金融发展、信息水平等。除此之外，在以互联网、信息技术和人工智能等新兴技术为核心的第四次技术革命快速推进的背景下，由此产生的数字鸿沟对农村居民消费潜力的抑制更加值得重视。

为了缩小数字鸿沟，推动互联网以及数字技术的广泛连接和应用。通过大规模信息基础设施建设，使越来越多的低收入群体能够上网，有效控制了数字鸿沟的扩大。据我国工业和信息化部 2024 年 1 月 5 日公布的数据，中国已累计建成 5G 基站超 328.9 万个，5G 手机终端用户连接达 7.71 亿，占全球比例超过 80%。这充分体现了我国公共产品供给的优越性。但客观上数字鸿沟的出现，确实也在拉大居民之间的收入和消费差距。随着数字经济逐步成为我国继农业经济、工业经济后的主要经济形态。数字经济的发展一方面推动着地区经济快速发展，另一方面也不可避免带来了数字鸿沟（郑国楠和李长治，2022），引发了居民消费行为、消费结构以及消费水平的变革（马香品，2020）。第 52 次《中国互联网络发展状况统计报告》数据显示，截至 2023 年 6 月，我国城镇地区互联网普及率为 85.1%，而农村地区互联网普及率为 60.5%，城乡数字鸿沟的存在使得农村居民往往处于数字信息获取及使用的弱势地位，使得经济机会不断减少（张正平和卢欢，2020），为此，国家推出多项政策要求，保障互联网的全面覆盖以及数字技术的推广。《"十四五"数字经济发展规划》指出，推动数字城乡融合发展，要加快城市智能设施向乡村延伸覆盖，完善农村地区信息化服务供给，推进城乡要素双向自由流动，合理配置公共资源，形成以城带乡、共建共享的数字城乡融合发展格局。中共中央办公厅、国务院办公厅印发的《数字乡村发展战略纲要》中也明确要求，要着力弥合城乡数字鸿沟，培育信息时代新农民，到 2035 年，数字乡村建设取得长足进展，城乡数字鸿沟大幅缩小，农民数字化素养显著提升。

综上所述，本书关注城乡数字鸿沟对农村居民消费潜力的影响，这不仅是为了揭示城乡数字鸿沟对经济社会造成的负面影响，更是为了深刻探讨农村居民消费潜力释放的决定性因素，从而为相关政策的制定提供理论依据，助力经济的高质量发展。基于此，本书将以微观经济单位为研究对象，首先探究城乡数字鸿沟对于农村居民消费潜力的影响效果，然后进一步分析城乡数字鸿沟影响农村居民消费潜力可能的机制，最后探究城乡数字鸿沟对于农村居民消费潜力的影响在不同收入水平、不同年龄人群中是否存在异质性。因此，本书研究的目的是在城乡数字鸿沟背景下，探讨其对农村居民消费潜力释放的影响问题，并进行影响机制分析，讨论城乡数字鸿沟是否通过城乡收入差距、信贷约束以及数字金融等对农村居民消费潜力产生间接影响。进一步分析，这种影响是否在不同人群中的影响存在差异。基于以上研究目的，本书以微观视角构建城乡数字鸿沟及居民消费潜力指标，从而分析城乡数字鸿沟对农村居民消费潜力的影响问题。

本书依据消费理论与现有文献对消费潜力的研究，从多个角度探索了数字鸿沟对居民消费潜力的影响机制。这在一定程度上丰富了消费理论，并扩展了对于数字鸿沟和居民消费的研究。关于数字鸿沟对居民消费潜力的研究较少，大多数学者重在内涵界定、指标测度或者理论层面的分析，定量分析更侧重于数字鸿沟对居民消费水平的影响。在消费潜力研究的文献中，大多数侧重于从宏观层面进行指标构建。本书从微观视角丰富了消费潜力的构建体系。

在实践中，第一，有助于清晰了解各省份城乡数字鸿沟现状。从宏观层面来看，我国已实现了现有行政村的宽带全覆盖，但在互联网使用以及数字技术的普及过程中，仍存在数字鸿沟没能得到有效弥合。因此，本书通过构建城乡数字鸿沟综合评价体系，观察其演变轨迹，帮助我们更清晰地了解并推动城乡数字鸿沟的缩小。第二，有助于掌握城乡数字鸿沟对农村居民消费潜力的影响，从而为扩大农村居民消费、刺激农村居民消费潜力释放提供参考性建议。从理论分析角度来看，城乡数字鸿沟会阻碍居民消费潜力的释放。但在影响机制层面上，城乡数字鸿沟对农村居民消费潜力影响渠道仍没有明确的判断。本书从理论层面分析了两者的影响关系，并通过实证检验城乡数字鸿沟对农村居民消费潜力的实际影响，进而在影响机制层面上得出城乡数字鸿沟对农村居民消费潜力的影响渠道，为城乡数字鸿沟背景下进一步促进居民消费潜力释放提供参考建议。

第二节　相关概念和理论基础

一、相关概念

（一）城乡数字鸿沟概念

城乡数字鸿沟是指城镇地区与农村地区之间因数字化普及引致的各领域、各方面的发展差别。当前，绝大多数国家面临以城乡差距为核心的区域不均衡问题（霍鹏和殷浩栋，2022）。城乡一级数字鸿沟是指城镇地区与农村地区居民在信息与通信技术接入方面的差异。城镇地区具有先进的信息基础设施，互联网覆盖率高，而农村地区因为经济水平较低以及地理因素造成信息基础设施建设成本较高，所以互联网覆盖率低。因此造成城乡间因互联网接入方面的差异。城乡二级数字鸿沟是指城镇地区居民与农村地区居民在信息与通信技术使用层面的差异，这种差异性表现在对于数字产品以及数字技术的使用。城镇地区拥有较广的数字产品使用场景、良好的教育资源以及先进的企业，从而城镇居民能更充分地获取大数据、云计算以及物联网等数字技能。与之相反，农村地区往往没有以上资源，农村地区居民没有较高的数字产品使用能力，不能较好地使用数字技能，从而造成了城乡间二级数字鸿沟。由于学术界对于三级数字鸿沟还没有统一的界定，因此，本书从城乡一级数字鸿沟以及二级数字鸿沟层面，构建城乡数字鸿沟指标体系。

（二）农村居民消费潜力概念

"潜力"通常是指潜在的尚未开发出来的，是可能会在将来带来一定经济利益或者带来一定的发展可能。目前，对居民消费潜力展开研究的学者较少，缺乏对居民消费潜力概念的统一界定。刘松和楼嘉军（2019）指出居民消费潜力是一种消费需求，是待引导和创造的消费行为。李研和洪俊杰（2021）将消费潜能看作消费水平的最大值，是一种消费缺口，即潜在消费与实际消费支出之间的偏离程度。龙少波和张睿（2021）从当期剩余消费潜力的角度看居民消费潜力的情况，表示当期有能力但因其他因素导致消费意愿抑制而带来的无意愿但可以实现的一部分消费能力。根据已有文献研究，本书将消费潜力定义为居民现实和潜在消费需求的共时体现，其除了与自身主观消费需求与物质基础有关外，还受到家庭等外部因素的影响。从消费能力、消费支出以及消费环境三个层面构建农村居民消费潜力指标体系。

二、理论基础

（一）绝对收入假说

凯恩斯认为消费和收入之间呈现线性关系，消费仅由收入决定。随着收入增加，消费也随之增加，其理论模型为：

$$C=\alpha+\beta Y \tag{4-1}$$

其中，C 表示消费，Y 表示收入，α 表示自发消费，β 表示边际消费倾向，βY 表示引致消费，且 $\alpha>0$，$0<\beta<1$。自发消费是最基本的消费，即便当期收入为零，这部分消费也是必须的。引致消费是随着收入变动而变动的消费，但因为存在边际消费倾向递减规律，收入增加，消费也会随之增加，但增加的幅度会小于收入增加的幅度。凯恩斯认为总消费是自发消费与引致消费之和。

（二）生命周期假说

莫迪利安尼认为影响人们消费的并不是当期的收入，而是一生的收入水平。为了获得最大收益，人们需要平衡自己的当期消费以及未来消费。从长期来看，一个人的收入虽然在各个时期是不同的，但消费往往趋于稳定。因此，一个人可以在年轻时借贷，中年时偿还负债并储蓄，老年时再消费储蓄的部分，从而实现最大收益。

莫迪利安尼认为家庭消费函数是：

$$C=\alpha\times W_R+c\times Y_L \tag{4-2}$$

其中，C 表示消费支出，W_R 表示财产收入，Y_L 表示劳动收入，α 表示财产收入的边际消费倾向，c 表示劳动收入的边际消费倾向。家庭消费受到财产收入以及劳动收入的共同影响。

（三）跨期消费理论

费雪认为消费者要同时考虑当期消费和未来消费，从而使效用最大化，这就是跨期的最优选择。假设一个消费者有两个时期的消费 c_1 和 c_2，这两个时期可以考虑为一个人的青年时期和老年时期。其中时期 1 的收入是 y_1，时期 2 的收入是 y_2。r 表示实际利率。则消费者面临的跨期预算约束为：

$$s = y_1 - c_1 \tag{4-3}$$

其中，s 可以为正或为负，若为负表示消费者借钱进行消费，此时，时期 2 的消费为：

$$c_2 = y_2 + (1+r) \times s \tag{4-4}$$

因此，两个时期的消费现值之和必须等于收入现值之和，总消费不能超过总收入。

（四）持久收入假说

弗里德曼将收入分为两个部分，分别为持久收入和暂时收入。持久收入是长期收入水平，暂时收入是偶然性的收入。同样，他把消费也分为两个部分：一个是持久消费，这是计划性的消费；另一个是一时消费，这是计划外的消费。弗里德曼认为，消费者对于不同类型的收入变动会做出不同的决定，如果是持久收入的变动，那么人们就可能消费掉所增加的大部分收入；如果是暂时性的收入，那么增加的收入中大部分会被储蓄起来。持久收入假说理论认为：消费不仅取决于收入，而且还取决于个人拥有的财富数量。其模型为：

$$y_i(t) = y_i^p(t) + y_i^t(t) \tag{4-5}$$

其中，$y_i(t)$ 表示消费者在 t 年的实际收入，$y_i^p(t)$ 表示在 t 年的持久收入，$y_i^t(t)$ 表示在 t 年的暂时收入。

（五）相对收入假说

杜森贝利消费者的行为是互相影响的，一个人会根据周围人的消费习惯而改变自己的消费习惯，这种行为称为示范效应。消费支出不仅受到当前收入的影响，而且受到过去收入和消费水平的影响，特别是受过去高峰时期的收入和消费水平的影响，这种行为称为棘轮效应。因此，消费会随着经济周期的变化而变化。相对收入假说的理论模型为：

$$C_t = \alpha + \beta_1 Y_1 + \beta_2 C_{t-1} + \mu_t \qquad (4-6)$$

其中，C 表示消费，Y 表示收入，α 表示自发性消费，β 表示边际消费倾向。

（六）随机游走理论

罗勃特·霍尔将理论预期引入持久收入假说，他提出用欧拉方程刻画消费者的最优消费行为，认为消费者的消费行为与其收入无关，服从随机游走过程的随机游走假说。其基本思路是：假定消费者的时间偏好和利率相等，消费者的瞬时效用函数为二次型，在跨期预算约束的条件下，通过欧拉方程求解消费者效用最大化。结果发现，消费者的消费变化是不可预测的，遵循随机游走特征。该理论认为消费者的即期消费包括所有消费者能获得的信息，当前消费变动与过去经验无关，只与其滞后消费有关。

（七）流动性约束理论

迪顿指当人们有资金需求时，无法充分借款来维持其持久收入水平上的消费状况。该假说的主要观点是：当消费者面临流动性约束时，无论是当期的还是预期的流动性约束，都会造成人们消费减少。如果消费者面临的是当期流动性约束，那么即使消费者有消费需求，但是也无法实现消费，只能减少消费；如果面临的是预期流动性约束，那么人们也会增加储蓄，减少当前消费以防止未来风险发生所带来的影响。所以，无论是当前的还是未来的流动性约束，均会减少居民消费，对消费者产生影响。

（八）预防性储蓄理论

兰德以理性预期学派思想为基础，将不确定性引入考察消费者跨期消费行为。其基本观点指出，出于厌恶风险和对未来不确定性考虑，消费者由于收入波动，需要减少消费增加储蓄。因此，该假说所研究的问题是，在不确定性的影响下，消费者如何根据预算约束进行跨期选择以实现效用最大化的问题。与确定性情况相比较，在面临风险或未来不确定性时，一旦消费者认为未来风险和不确定性大，为了平滑当前消费和未来消费的效应，消费者必将减少当前消费，增加储蓄。

第三节　城乡数字鸿沟的测度

一、城乡数字鸿沟指标构建

（一）遵循的原则

1. 科学性原则

在指标构建过程中需要基于科学理论和实证研究，来确保指标的客观性以及可靠性。本书在指标构建过程中，通过查询大量有关数字鸿沟的研究文献，充分考虑相关学理与理念。在此基础上，由于学术界对于三级数字鸿沟还没有统一的界定，因此本书从一级数字鸿沟以及二级数字鸿沟层面进行指标构建，保证了本书的科学准确性。同时，为了确保指标的客观性，本书选取了具有全国代表性样本的中国家庭金融调查数据库以及中国时间利用调查数据库。在样本筛选过程中，尽量保留具有代表性样本进行研究。

2. 系统性原则

指标构建需要将具有相互联系、相互作用的要素进行整合，从而得到一个具有代表性的指标。本书遵循系统性原则，在指标构建构成中充分考虑各选取量间的相关性，从微观视角切入，充分利用中国时间利用调查库以及中国家庭金融调查库中重合样本，进而构建城乡数字鸿沟指标体系。

3. 可行性原则

指标构建需要在相关理论的指导下，发掘可获得并且可统一量化的数据。本书在数据选取过程中，为更好地对研究内容进行探讨，选取了 2017 年、2021 年数据构建面板数据，从而既满足研究需要，又能够在现有数据库中匹配可行数据进行研究。

（二）指标选取

学术界对于城乡数字鸿沟的测度主要分为宏观层面以及微观层面两类。宏观层面的测度主要有网络技术的意识、接入、利用、环境四个层面来构建城乡数字鸿沟测算指标体系（刘骏和薛伟贤，2012），根据我国信息技术发展与利用的现状，从信息获取与利用环境、信息意识与能力、信息利用水平三个方面进行分析（邬晓鸥等，2014），还有使用SWOT定量分析方法对我国城乡数字鸿沟进行测度（兰晓霞，2016）。微观层面的测度主要利用中国家庭金融调查数据（CHFS）库以及中国家庭追踪调查数据（CFPS）库中关于居民互联网使用情况，进行居民间数字鸿沟指标构建。本章在黄漫宇和窦雪萌（2022）研究方法的基础上，利用中国家庭金融调查数据（CHFS）以及中国时间利用调查数据（CTUS），从城乡数字接入以及使用层面构建城乡数字鸿沟指标体系。根据数据的科学性、系统性以及可行性原则，本章城乡数字鸿沟指标测度体系如表4-1所示。

表4-1　城乡数字鸿沟指标

标准层	指标层
一级数字鸿沟	是否有电子计算机/电脑
	使用手机类型
二级数字鸿沟	是否使用电子支付
	网络购物费用
	手机上网费用
	互联网理财产品收入
	是否在数字行业就业
	使用手机、平板、其他电子媒介阅读时间
	看电视、短视频、直播、游戏的时间
	非面对面社会交往活动时间

如上文所述，一级数字鸿沟是指由居民接入信息通信技术的差异造成

的数字鸿沟。本章根据居民智能手机拥有情况以及家庭中电脑拥有情况，构建一级数字鸿沟指数。第52次《中国互联网络发展状况统计报告》数据显示，截至2023年6月，我国网民规模达10.79亿人，其中手机网民规模达10.76亿人，网民使用手机上网的比例为99.8%。中国时间利用调查数据也显示，我国居民拥有手机的比例为96.8%，其中拥有智能手机的比例已达88.3%，以上数据均表明我国居民拥有且使用智能手机上网已成为普遍现象。因此，居民使用的手机类型能够代表其互联网的接入情况。随着信息通信技术的不断发展，电脑逐渐成为当代人学习、工作的重要工具，而一般情况下使用电脑需要互联网的接入。综合考虑居民手机使用类型以及家庭是否有计算机/电脑，能够反映居民对于互联网的接入状况。

二级数字鸿沟是指居民使用信息通信技术的差异造成的数字鸿沟。本章从支付方式、互联网支出、互联网收入以及互联网使用时间四个维度对居民使用互联网情况进行评价。在支付方式方面，根据中国家庭金融调查问卷中"您和您家人在购物时（包括网购），一般会使用下列哪些支付方式？1. 现金；2. 刷卡（包括银行卡、信用卡等）；3. 通过电脑支付（包括网银、支付宝等等）；4. 通过手机、Pad等移动终端支付（包括支付宝、微信支付、手机银行、Apple Pay等）"的回答，如果居民回答3或4，则认为居民使用电子支付，该指标赋值为1。如果居民回答1或2，则认为居民使用非电子支付，该指标赋值为0。在互联网支出方面，根据问卷中"去年，您家网购一共花了多少钱？"以及"您家去年平均每个月使用电话、手机等通信费、有线电视费、上网费共有多少？"的回答进行整理，获得网络购物费用及手机上网费用。在互联网收入方面，根据问卷中"您家互联网理财产品收入？"的回答获得互联网收入指标，以及根据"工作属于什么行业？"的回答进行整理，获得是否在数字行业就业的指标，在数字行业就业则赋值为1，否则赋值为0。在互联网使用时间方面，根据中国时间利用调查日志表内容，整理居民每日使用手机、平板、其他电子媒介阅读时间、看电视、短视频、直播、游戏的时间以及非面对面社会交往活动时间作为对互联网使用层面的指标。

综上所述，本书构建了一个包含一级数字鸿沟以及二级数字鸿沟两个层面的数字鸿沟评价指标体系。在此基础上，使用 Topsis-熵权法得到城镇及农村居民数字鸿沟的综合得分 S_i（见下文）。然后分别以各省份的城镇居民人均综合得分与农村居民人均综合得分之差得到省份 p 的城乡数字鸿沟指数，具体如下：

$$\mathrm{divide}_{ipt} = \frac{\sum_1^p s_{ipt0}}{\mathrm{peop}_{cpt}} - \frac{\sum_1^p s_{ipt1}}{\mathrm{peop}_{upt}} \tag{4-7}$$

其中，divide_{ipt} 表示 t 年 p 省的城乡数字鸿沟指数，s_{ipt0} 表示 t 年城镇居民 i 的综合得分，peop_{cpt} 表示 t 年城镇居民总人数，s_{ipt1} 表示 t 年农村居民 i 的综合得分，peop_{upt} 表示 t 年农村居民总人数。

（三）综合赋权

构建城乡数字鸿沟指标涉及对一级数字鸿沟以及二级数字鸿沟两个层面的 10 个具体指标进行指标赋权，赋权方式分为主观赋权以及客观赋权两种：主观赋权是决策者或者专家根据自己的认知与偏好进行赋权，包括专家估测法、环比评分法等；客观赋权要排除主观因素的干扰，从数据本身的特征去赋值，包括主成分分析法、熵权法等。本书为了数据使用中的精度更高且客观性更强，采用 Topsis-熵权法。具体步骤如下：

第一步，确定原始数据矩阵。

本章利用农村居民的 12977 个个体 2 年的 15 个维度的原始面板数据建立初始矩阵。其中 $X = (X_{ij})_{mn}$，X_{ij} 表示第 i 个农村居民的第 j 个具体指标，$i \leqslant m$，$j \leqslant n$

$$X_{ij} = \begin{bmatrix} x_{11} & x_{12} & \cdots & x_{1n} \\ x_{21} & x_{22} & \cdots & x_{2n} \\ \vdots & \vdots & \ddots & \vdots \\ x_{m1} & x_{m2} & \cdots & x_{mn} \end{bmatrix} \tag{4-8}$$

第二步，矩阵规范化。

为了避免正、负指标性质的不同对结果产生影响。在计算时需要先对指标进行规范化处理，正向指标和负向指标的规范化处理公式如下：

$$X'_{ij} = \frac{X_{ij} - \min(X_j)}{\max(X_j) - \min(X_j)} \text{（正向指标）} \tag{4-9}$$

$$X'_{ij} = \frac{\max(X_j) - X_{ij}}{\max(X_j) - \min(X_j)} \text{（负向指标）} \tag{4-10}$$

第三步，定义标准化值。

计算第 i 个农民样本个体第 j 项指标所占的比重 P_{ij}，P_{ij} 越大，表示评价对象的贡献度越大。计算并得到标准化的矩阵 $P = (P_{ij})_{mn}$。

$$P_{ij} = \frac{X'_{ij}}{\sum\limits_{1}^{m} X'_{ij}} \tag{4-11}$$

第四步，计算评价指标的熵值。

根据各评价指标的差异程度对综合评价的重要程度，利用信息熵计算各指标熵值。指标熵值越大，提供信息的效用价值越小。设 e_j 为指标 j 的熵值，公式如下：

$$e_j = -k \sum_i P_{ij} \ln(P_{ij})$$

其中，$k = \dfrac{1}{\ln(mn)}$，且 $k > 0$，使得 $e_{ij} \geq 0$。 $\tag{4-12}$

第五步，计算指标差异系数。

设 d_j 为指标 j 的差异系数。对于第 j 项指标，差异系数越大，评价作用越大，熵值就越小。

$$d_j = 1 - e_j \tag{4-13}$$

第六步，确定评价指标熵权。

设 w_j 为指标 j 的熵权，对评价指标的差异系数 d_j 作归一化处理即得到指标权重 w_j。

$$w_j = \frac{d_j}{\sum\limits_{1}^{n} d_j} \tag{4-14}$$

第七步，构造加权规范矩阵。

$$Z_{ij} = x'_{ij} \times w_j \tag{4-15}$$

得到的矩阵为：

$$Z_{ij} = \begin{bmatrix} Z_{11} & Z_{12} & \cdots & Z_{1n} \\ Z_{21} & Z_{22} & \cdots & Z_{2n} \\ \vdots & \vdots & \ddots & \vdots \\ Z_{m1} & Z_{m2} & \cdots & Z_{mn} \end{bmatrix} \tag{4-16}$$

第八步，计算欧氏距离。

$$D_i^+ = \sqrt{\sum \left(Z_{ij} - Z_j^{*+} \right)^2} \tag{4-17}$$

$$D_i^- = \sqrt{\sum \left(Z_{ij} - Z_j^{*-} \right)^2} \tag{4-18}$$

其中，$Z_j^{*+} = \max Z_{ij}$，$Z_j^{*-} = \min Z_{ij}$。

第九步，计算综合得分。

$$S_i = \frac{D_i^-}{D_i^+ + D_i^-} \tag{4-19}$$

二、各省份城乡数字鸿沟现状分析

（一）城乡数字鸿沟整体分析

通过对我国 29 个省份（除新疆、西藏以及港澳台地区）的城乡数字鸿沟指数进行计算，结果如表 4-2 所示（以 2021 年结果升序，下同）。从全国层面来看，2017~2021 年城乡数字鸿沟有缩小的趋势，从 0.0403 缩小到 0.0320。分省份来看，全国有 19 个省份城乡数字鸿沟呈现缩小的趋势，有 10 个省份城乡数字鸿沟呈现扩大的趋势。具体来看，安徽、河北及青海城乡数字鸿沟指数较小，且在 2017~2021 年均具有缩小的趋势。内蒙古、福建及云南城乡数字鸿沟指数较大。内蒙古在 2017~2021 年城乡数字鸿沟具有缩小的趋势，福建及云南在此期间城乡数字鸿沟具有扩大的趋势。

表4-2　2017年及2021年各省份城乡数字鸿沟及变化

排序	省份	2017年	2021年	变动
—	全国	0.0403	0.0320	缩小
1	安徽	0.0459	0.0031	缩小
2	河北	0.0440	0.0078	缩小
3	青海	0.0248	0.0091	缩小
4	宁夏	0.0192	0.0113	缩小
5	陕西	0.0298	0.0164	缩小
6	辽宁	0.0289	0.0235	缩小
7	广西	0.0419	0.0244	缩小
8	甘肃	0.0563	0.0261	缩小
9	四川	0.0336	0.0270	缩小
10	浙江	0.0317	0.0272	缩小
11	河南	0.0355	0.0277	缩小
12	湖北	0.0197	0.0287	扩大
13	山东	0.0284	0.0294	扩大
14	海南	0.0289	0.0294	扩大
15	湖南	0.0496	0.0294	缩小
16	上海	0.0836	0.0294	缩小
17	江西	0.0435	0.0302	缩小
18	贵州	0.0594	0.0302	缩小
19	广东	0.0370	0.0312	缩小
20	吉林	0.0323	0.0320	缩小
21	重庆	0.0349	0.0356	扩大
22	山西	0.0417	0.0378	缩小
23	黑龙江	0.0362	0.0379	扩大
24	北京	0.0299	0.0381	扩大
25	天津	0.0261	0.0387	扩大
26	江苏	0.0352	0.0409	扩大
27	内蒙古	0.0462	0.0410	缩小
28	福建	0.0321	0.0420	扩大
29	云南	0.0407	0.0484	扩大

（二）城乡数字鸿沟分维度分析

1. 一级数字鸿沟

从全国层面来看，2017~2021 年城乡一级数字鸿沟有缩小的趋势，从 0.2726 缩小到 0.2305（见表 4-3）。全国有 17 个省份的城乡一级数字鸿沟有缩小的趋势，12 个省份的城乡一级数字鸿沟有扩大的趋势。分省份来看，2021 年安徽和河北一级城乡数字鸿沟为负，这表示这两个省份的城乡在信息通信接入方面已不存在显著差异。除此之外，北京、黑龙江、青海城乡一级数字鸿沟较小，且均有缩小的趋势。四川、天津、云南城乡一级数字鸿沟较大，且均具有扩大的趋势。

表 4-3　2017 年及 2021 年各省份一级数字鸿沟及变化

排序	省份	2017 年	2021 年	变动
—	全国	0.2726	0.2305	缩小
1	安徽	0.1709	-0.0099	缩小
2	河北	0.1443	-0.0056	缩小
3	北京	0.0785	0.0229	缩小
4	黑龙江	0.1409	0.0298	缩小
5	青海	0.1128	0.0624	缩小
6	宁夏	0.1262	0.0745	缩小
7	陕西	0.1466	0.1138	缩小
8	河南	0.1454	0.1173	缩小
9	江西	0.1626	0.1177	缩小
10	贵州	0.3172	0.1221	缩小
11	湖北	0.0908	0.1275	扩大
12	广西	0.1689	0.1392	缩小
13	辽宁	0.1146	0.1491	扩大
14	浙江	0.1222	0.1501	扩大
15	湖南	0.1918	0.1503	缩小
16	吉林	0.1238	0.1552	扩大
17	山东	0.1148	0.1577	扩大

排序	省份	2017 年	2021 年	变动
18	上海	0.2773	0.1607	缩小
19	重庆	0.2048	0.1676	缩小
20	广东	0.1793	0.1704	缩小
21	江苏	0.1583	0.1778	扩大
22	海南	0.1511	0.1790	扩大
23	内蒙古	0.1765	0.1796	扩大
24	福建	0.1679	0.1842	扩大
25	山西	0.2161	0.1944	缩小
26	甘肃	0.2561	0.2014	缩小
27	四川	0.1180	0.2228	扩大
28	天津	0.1056	0.2241	扩大
29	云南	0.1416	0.2434	扩大

第 52 次《中国互联网发展状况统计报告》数据显示，截至 2023 年 6 月，我国移动电话基站总数达 1129 万个，较 2022 年 12 月净增 45.2 万个；互联网宽带接入端口数量达 11.1 亿个，较 2022 年 12 月净增 3457 万个；光缆总长度达 6196 万公里，较 2022 年 12 月净增 238.1 万公里。这些数据均表明，我国城乡一级数字鸿沟的缩小，得益于互联网基础资源的逐步完善。随着电话基站、互联网宽带接入以及光缆等基础设施覆盖广度的持续拓展，城乡间信息通信技术接入层面的差异得到缩小，无论是城镇居民还是农村居民都能够更加平等地获取相关资源的接入。

我国东部、西部城乡一级数字鸿沟差异性的原因，可能是由于地势不同所造成。从地势上看我国呈现"西高东低"的特点，西部地区山脉众多，主要有祁连山脉、昆仑山脉、横断山脉等。由于西部地区地势起伏较大，不利于其交通以及互联网等基础设施的建设，农村地区更为如此。为了缩小城乡数字鸿沟，自 2015 年起，工信部和财政部共同研究制定相关机制，推动行政村光纤网络建设以及农村 4G 基站建设。在此基础上，我国推动电信企业向农村低收入户持续给予基础通信服务资费折扣，降低农村居民使用宽带网络的负担。2021 年 11 月底，我国现有行政村通宽带比例从不足 70% 提升至 100%，实现"村村通宽带"。低收入村通宽带的比例从 62% 提升至 100%。青海、四川及云南等省份的"三区三州"欠发达地区通宽带比例从 26% 提升至 100%。虽然已经基本实现宽带网络的全覆盖，但相比之下西部地区城乡一级数字鸿沟仍较大，需要进一步推动农村地区互联网的接入水平。

2. 二级数字鸿沟

从全国层面来看，2017~2021 年城乡二级数字鸿沟有缩小的趋势，从 0.0349 缩小到 0.0286（见表 4-4）。全国有 18 个省份的城乡二级数字鸿沟有缩小的趋势，有 11 个省份城乡二级数字鸿沟有扩大的趋势。分省份来看，2021 年，河北、陕西和青海城乡二级数字鸿沟较小，并在 2017~2021 年均具有缩小的趋势。内蒙古、云南、北京的城乡二级数字鸿沟较大，并在 2017~2021 年均具有扩大的趋势。

表 4-4 2017 年及 2021 年各省份二级数字鸿沟及变化

排序	省份	2017 年	2021 年	变动
—	全国	0.0349	0.0286	缩小
1	河北	0.0524	0.0047	缩小
2	陕西	0.0301	0.0089	缩小
3	青海	0.0328	0.0118	缩小
4	安徽	0.0490	0.0137	缩小
5	宁夏	0.0118	0.0171	扩大
6	湖南	0.0518	0.0179	缩小
7	四川	0.0391	0.0203	缩小
8	广西	0.0485	0.0204	缩小
9	上海	0.0874	0.0219	缩小
10	甘肃	0.0511	0.0247	缩小
11	辽宁	0.0441	0.0250	缩小
12	山东	0.0350	0.0292	缩小
13	海南	0.0421	0.0298	缩小

排序	省份	2017 年	2021 年	变动
14	浙江	0.0410	0.0308	缩小
15	江西	0.0451	0.0320	缩小
16	天津	0.0232	0.0327	扩大
17	河南	0.0419	0.0334	缩小
18	广东	0.0460	0.0341	缩小
19	贵州	0.0434	0.0342	缩小
20	湖北	0.0172	0.0348	扩大
21	福建	0.0420	0.0357	缩小
22	重庆	0.0266	0.0413	扩大
23	山西	0.0329	0.0414	扩大
24	江苏	0.0343	0.0421	扩大
25	吉林	0.0324	0.0521	扩大
26	黑龙江	0.0359	0.0527	扩大
27	内蒙古	0.0453	0.0533	扩大
28	云南	0.0455	0.0546	扩大
29	北京	0.0492	0.0565	扩大

第 52 次《中国互联网发展状况统计报告》数据显示，截至 2023 年 6 月，我国网民规模达 10.79 亿人。其中，城镇网民规模达 7.77 亿人，占网民整体的 72.1%；农村网民规模达 3.01 亿人，占网民整体的 27.9%。我国城镇地区互联网普及率为 85.1%，农村地区互联网普及率为 60.5%。我国网民数量逐年上升，互联网普及逐步扩大，但城乡互联网普及仍有差距。从应用层面来看，即时通信与短视频相互融合，一方面微信推出短视频功能，另一方面以抖音为代表的短视频公司也在尝试拓展即时通信业务。搜索引擎引入生成人工智能技术，微软、百度、360 等公司积极探索实践，让人工智能在搜索领域获得新的发展前景。线上办公市场发展日趋成熟，一方面相关产品功能日益完善，另一方面商业模式持续更新迭代，人工智能为其带来新的办公体验。随着数字技术的进步和互联网的广泛应用，越来越多的居民享受到了更加便捷、安全以及丰富的数字生活。数字应用的丰

富，在一定层面上推动了城镇以及农村居民对于互联网的使用。

根据国家互联网信息办公室发布《数字中国发展报告（2021年）》内容显示，2021年对各地区数字中国发展成效评价，包括数字技术、数字经济、数字政府以及数字社会等指标。结果显示浙江、上海、山东以及四川等省份数字化综合发展水平居全国首位。通过对二级数字鸿沟较小地区的数字建设成果研究发现，河北及安徽等省份通过稳步推进数字乡村建设，加速推动网上政务服务事项全覆盖，让更多的政府服务事项下沉至基层。在此基础上，探索数字乡村建设的新发展模式，使用线上及线下相结合的方式，累计为超过1.4亿人次农民群众提供手机应用技能培训。乡村互联网使用的内生动力不断增强，使城乡数字鸿沟不断缩小。

第四节　实证检验

一、研究假设模型构建

（一）假设提出

1. 城乡数字鸿沟对农村居民消费潜力的影响

在当今社会发展中，数字鸿沟表现出了一种新形式的社会不平等（Sylvia，2005）。它存在于性别（Laura，2014）、代际（Hee Yun Lee 等，2020）以及城乡发展过程中（Timothy DeStefano 等，2023）。从城乡角度来看，城镇地区往往具有完善的数字基础设施，能够较早地接触并使用互联网技术。随着云计算、大数据、物联网等数字技术的迅速发展，城镇地区优先享受到了互联网技术带来的红利。此外，城镇地区往往享有优质的教育资源，能够推动居民更好地掌握数字技能，从而使其能够处于数字鸿沟的优势地位。而农村地区相对于城镇地区而言，往往数字基础设施较为落后，对于数字技术的掌握程度较低，没有适当的资源提升自身的数字技能，从而处于数字鸿沟的弱势地位。

互联网技术的快速发展在一定程度上促进了居民消费水平和消费结构升级（殷志高和任太增，2022），线上及线下两种消费模式，极大地丰富和拓展了居民的消费场景，消费行为不再受限于居民生活的地区，而是通过数字技术实现了远距离消费可能性。随着这种消费模式的转变，网络购物逐渐成为消费阵地的又一"主战场"。国家统计局数据显示，2022年全国电子商务交易额达43.83万亿元，而农村网络零售额仅为2.17万亿元。农村居民受限于数字鸿沟，其消费潜力没有得到有效释放。

从消费支出角度来看，农村居民处于城乡数字鸿沟的弱势地位，无法通过多渠道获取与消费相关的信息。这种信息的匮乏，会提升农村居民消费的搜寻成本，减少其对于消费市场的选择范围，可能导致农村居民面临"有钱不知道去哪里消费"或者"不知道该怎么消费"等问题。从消费能力角度来看，城乡数字鸿沟会导致农村居民的收入增长以及收入多样性受限，可能通过影响农产品市场价值、农村居民的就业水平和非农就业率以及农村居民的创业等方面对农村居民的收入产生影响。根据预防性储蓄理论分析，出于对未来不确定性考虑，消费者在面临收入波动时，会减少消费增加储蓄。农村居民可能受到自身未来收入的不确定，导致其消费潜力的降低。从消费环境角度来看，城乡数字鸿沟会导致农村居民难以形成新的消费习惯，受到传统消费观念的影响，仍有许多农村居民习惯于通过村镇的商店进行日常的大部分消费，这种消费习惯对于农村居民消费潜力的释放具有一定的阻碍作用。城乡数字鸿沟还会削弱农村居民的社交网络，而社交网络在提高非正规信贷可获得性、缓解流动性约束、降低预防性储蓄，进而在实现消费平滑等方面发挥着重要作用（易行健等，2012）。基于以上分析，本章提出以下假说：

假说H1：城乡数字鸿沟会显著降低农村居民消费潜力。

随着数字基础设施的逐渐完善，以接入差异造成的一级数字鸿沟正逐渐趋于弥合。随着一级数字鸿沟的逐渐弥合，它对农村居民消费潜力的影响也在逐渐减小。而以使用差异造成的二级数字鸿沟在对消费潜力的影响中逐渐占据主要地位，无论是从居民对于消费以及收入信息的获取，还是对于云计算、物联网、大数据等数字技术的应用，使用层面的差异对农村居民消费生活的各方面均产生着重要的影响。因此在假说 H1 的基础上，本章提出以下假说：

假说 H1a：城乡一级数字鸿沟对农村居民消费潜力没有显著影响。

假说 H1b：城乡二级数字鸿沟会显著降低农村居民消费潜力。

2. 城乡数字鸿沟影响农村居民消费潜力的机制

在宽带网络覆盖过程中，由于其建设需要实际投资，从而数字基础设施建设往往开端于高增长的地区，这些地区普遍具有熟练的劳动力以及必需的技术投资，从而使该地区的收入增长快，而低密度地区由于覆盖时间晚、商用效率低，从而收入相对增长缓慢，因此造成了收入分配的差异（Greenstein，2021）。在城镇地区与农村地区网络覆盖的初期，收入增长的溢出效应便存在差距。随着互联网技术的不断发展，使用层面的差距加大了城乡间的数字鸿沟，导致"数字红利"在城乡间的非均衡分配（郑国楠和李长治，2022）。

城乡数字鸿沟使得城乡间信息不对称，城镇居民能够利用信息资源的优势扩大自身收入的多样性，比如通过对金融市场相关信息搜寻，购买股票、基金等金融资产。或者通过对市场变动的优先掌握，开展创业活动，比如直播卖货等。农村居民处于信息资源的弱势地位，一方面，由于信息的匮乏，他们缺少购买金融资产的意识及信息渠道，对金融市场的了解较少，许多农村地区居民对金融知识更是知之甚少。另一方面，农村地区居民难以借助互联网获取有效的就业信息，由于信息的闭塞，加上互联网技术的快速发展使得就业市场的不断更新与变化，加重了农村居民非农就业的困难程度。城乡收入差距进一步拉大。

根据传统的消费理论可知，收入对消费具有正向的促进作用，绝对收入理论也肯定了收入对消费的决定性作用。由于农村地区居民收入的来源较为单一，往往容易受到地区农产品价格以及气候变化等影响，并且受到传统储蓄观念的影响，其预防性动机会使其不断增加储蓄，相应地减少消费。城乡收入差距的扩大会降低农村居民消费能力以及消费支出，从而降低其消费潜力。从消费环境来看，城乡收入差距的扩大会降低农村地区居民的幸福感（莫旋和唐成千，2016），而幸福感是提升居民消费的重要因素，感觉幸福的家庭会有更高的消费意愿（李树和于文超，2020）。基于以上分析，本章提出以下假说：

假说 H2：城乡数字鸿沟通过扩大城乡收入差距抑制农村居民消费潜力释放。

信贷约束是指居民从金融机构取得贷款以满足消费时受到的资金限制（Deaton，1991），根据生命周期理论，家庭应将资产有效地分配在储蓄和消费中，而外部融资可以帮助家庭实现资产的跨期配置，从而平滑消费，实现效用的最大化（Eswaran 和 Kotwal，1989；Besley，1995）。当受到信贷约束时，居民获取外部融资的概率降低，为了降低收入不确定带来的风险，居民会选择降低消费，使平滑消费能力降低，从而导致消费不足与效用水平的降低。因此，受信贷约束与不受信贷约束的人群会出现消费行为的差异（蔡栋梁等，2020）。

信贷约束会使居民消费偏离最优路径。传统金融机构以个人信用记录作为信用评分标准，通过严格的贷款条件来规避风险，这会使得许多居民往往因为信用记录较少等原因，无法获得正规借贷，从而平滑消费能力受限。但随着互联网技术的快速发展，数字技术对传统金融产生颠覆性影响（谢平和邹传伟，2012），通过大数据引入居民社交媒体，网络购物等行为的深入分析，形成新的贷款评价机制，弥补了传统金融信用评级的不足的问题，提高了居民信贷的可得性，缓解了居民流动性约束问题。城镇居民存在信息优势，能够更好地通过数字借贷产品，提高自身消费潜力，实现效用最大化。而农村居民往往因为对数字产品不熟悉，不能有效获取与信贷有关的信息，从而更容易受到信贷约束。从消费角度来看，由于受到信贷约束，农村居民无法在购房、买车、教育、医疗等方面实现更高水平的消费，为了实现这些消费，农村居民不得不对当期消费及储蓄进行调整，减少消费增加储蓄，以实现在未来能够进行购房、教育等消费。从生产角度来看，农村居民受到信贷约束，很难通过借贷购买先进的生产工具，或者引入先进的产业链，来实现现有产业规模的扩张，从而使生产水平得不到有效提高，收入增长进一步受限。无论是从消费角度还是生产角度来看，信贷约束均对农村居民消费潜力的提升造成了阻碍。基于以上分析，本章提出以下假说：

假说 H3：城乡数字鸿沟通过降低农村居民信贷抑制其消费潜力释放。

数字金融是现代数字科技与金融行业的结合。它随着互联网以及信息技术手段得到崛起，数字金融的发展降低了人们对于金融服务获取的成本（胡联和姚绍群，2021）。从居民消费角度来看，一方面，数字金融的发展会促使居民消费方式的改变。支付方式的多样化会降低居民消费场景的单一性，以手机、电脑等为载体的互联网技术，将会推动农村居民实现远距离消费的可能性。数字金融的发展水平，在一定程度上推动了农村居民消费升级（王智新和王辰筱，2024）。然而城乡数字鸿沟使农村居民不能更好地享受到数字金融带来的消费升级。另一方面，数字金融拓宽了居民金融参与的渠道，降低了金融服务的门槛（陈熹和徐蕾，2022），数量众多的金融产品为居民提供了一个更加广阔的消费领域。金融市场是高度信息化的市场，城乡数字鸿沟对农村居民信息获取以及利用信息产生阻碍，由于农村地区数字基础设施相对不够完善，在信息传输以及获取方面存在屏障，使得农村居民对金融投资市场形成自我排斥（刘艳华和余畅婉，2023）。农村居民对数字产品使用能力受到城乡数字鸿沟的影响，在这种影响下，农村居民往往会因为没有使用数字产品的能力，从而降低了其消费水平（王亚柯和王一玮，2024）。基于以上分析，本章提出以下假说：

假说 H4：城乡数字鸿沟通过降低农村居民数字金融参与从而抑制其消费潜力释放。

（二）模型构建

1. 模型设定

根据前文提出的理论框架和研究家说，本章设定如下面板数据模型检验城乡数字鸿沟对农村居民消费潜力的影响：

$$consump_{ipt} = \beta_0 + \beta_1 ucdivide_{ipt} + \beta_2 X_{ipt} + \lambda_i + \varphi_t + \varepsilon_{ipt} \tag{4-20}$$

其中，$consump_{ipt}$ 表示 t 年 p 省农村居民 i 的消费潜力；$ucdivide_{ipt}$ 表示 t 年 p 省的城乡数字鸿沟指数，数值越大表示城乡数字鸿沟越大；X_{ipt} 表示居民个体、家庭以及省级层面的控制变量；λ_i 和 φ_t 分别表示个体效应和时间效应；ε_{ipt} 表示随机误差。如果 λ_i 和 φ_t 与 $ucdivide_{ipt}$ 或 X_{ipt} 相关，分别为个体效应或时间效应对应的固定效应模型，反之则为随机效应模型。β 为待估计参数。

由于城乡数字鸿沟又可分为一级数字鸿沟（接入沟）和二级数字鸿沟（使用沟），故在式（4-20）的基础上进一步将解释变量分解如下：

$$consump_{ipt} = \beta_0 + \beta_1 ucdivide1_{ipt} + \beta_2 ucdivide2_{ipt} + \beta_3 X_{ipt} + \lambda_i + \varphi_t + \varepsilon_{ipt} \tag{4-21}$$

其中，$ucdivide1_{pt}$ 和 $\beta_2 ucdivide2_{pt}$ 分别表示 t 年 p 省的城乡一级数字鸿沟以及二级数字鸿沟，其余控制变量保持不变。

2. 估计方法选择

在分析面板数据之前，首先要明确面板数据的估计策略。第一步，在上述模型中，λ_i 和 φ_t 分别代表个体效应和时间效应，如果 λ_i 和 φ_t 与核心解释变量或控制变量相关，表示该模型设定为个体固定效应或者时间固定效应或者个体和时间双固定效应模型，反之则应该设定为随机效应模型。通常采用 Hausman 检验来确定选择固定效应模型或是随机效应模型。第二步，在确定为固定效应模型的基础上，如果模型中只存在个体效应 λ_i，则称为个体固定效应模型；如果只存在时间效应 φ_t，则称为时间固定效应模型；如果同时存在，则称为双向固定效应模型。通常需要通过 F 检验以及 LM 检验确定固定效应模型的类型。

表 4-5 中（1）列至（5）列依次报告了混合效应、个体固定效应、时间固定效应、个体和时间双固定效应和随机效应 5 种回归结果以及面板数据的估计策略。Hausman 检验结果（69.02，$p < 0.01$）表明，显著拒绝随机效应模型，应选择固定效应模型。个体固定效应与混合效应模型的 F 检验结果（1.3，$p < 0.01$）表明，拒绝混合效应模型；时间固定效应与混合效应模型的 LM 检验结果（3.05，$p < 0.05$）表明，拒绝混合效应模型；个体和时

间固定双向固定效应与混合效应模型的 F 检验结果（1.29，p<0.01）表明，拒绝混合效应模型。综合来看，应该选取个体与时间双固定效应模型。双向固定效应模型能够通过引入个体固定效应和时间固定效应来控制面板数据中的个体特征和时间趋势，从而能够更加准确地估计变量之间的关系，避免了个体特征和时间趋势估计对于回归结果的影响。

表 4-5 各效应模型回归结果

变量	（1）	（2）	（3）	（4）	（5）
	农村居民消费潜力				
城乡数字鸿沟	0.201*** (0.0473)	-0.680*** (0.261)	0.0338 (0.0505)	-0.676** (0.293)	0.232*** (0.0478)
控制变量	YES	YES	YES	YES	YES
个体固定效应	NO	YES	NO	YES	NO
样本量	12，977	12，977	12，977	12，977	12，977
R-squared	0.220	0.121	0.212	0.121	—

注：***、** 和 * 分别表示在 1%、5% 和 10% 的水平上显著；括号内为 t 值。本章下同。

（三）数据来源与变量选取

1. 数字来源

本书数据主要源于中国家庭金融调查（CHFS）2017 年、2021 年数据库以及中国时间利用调查（CTUS）2017 年、2021 年数据库。中国家庭金融调查以及中国时间利用调查是由内蒙古大学与西南财经大学合作实施，样本覆盖我国 29 个省份（除新疆、西藏以及港澳台地区）。在全国和省级层面均具有代表性。数据整理过程中保留年龄为 16~85 岁样本，并剔除家庭总消费、总收入、总资产小于 0 的样本。最终得到 12977 个农村居民样本，22152 个城镇居民样本。两期连续追踪样本 2316 个。本书中对于城乡数字鸿沟测度使用农村及城镇居民 35129 个样本，对于农村居民消费潜力测度使用农村 12977 个居民样本。

2. 变量选取

（1）农村居民消费潜力。

消费潜力是居民现实和潜在消费需求的共时体现，其除了与自身主观消费需求与物质基础有关外，还受到家庭等外部因素的影响。本书参考高磊和刘松（2021）的研究方法，从消费能力、消费支出、消费环境三个方面构建居民消费潜力指标（见表4-6）。

表4-6　居民消费潜力指标体系

目标层	标准层	指标层	性质
消费潜力	消费能力	人均工资性收入	正
		人均经营性收入	正
		人均财产性收入	正
		人均转移净收入	正
		人均储蓄额	正
		房价收入比	正
		人均负债	负
	消费支出	人均生存型消费支出	正
		人均享受型消费支出	正
		人均发展型消费支出	正
	消费环境	社会养老保险及年金余额	正
		医疗保险账户余额	正
		个人幸福度	正
		家庭恩格尔系数	负
		社会交往费用	正

消费行为的产生必须满足三个要素，包括消费主体、消费客体以及消费环境（尹世杰和蔡德容，2000）。从消费主体角度来看，其消费能力主要体现为居民当期可以用于满足消费需求的资金情况，是居民消费潜力的物质基础。本书以居民收入、储蓄、房价收入比、负债情况作为消费能力的建立指标。其中居民收入、储蓄以及房价收入比会显著提高居民消费潜力。

负债会降低农村居民消费潜力。

从消费环境的角度来看，其泛指影响居民消费能力释放的因素。从微观层面来看，消费环境是指对消费的消费偏好、消费信心、消费心理等有直接或间接影响的各种客观因素（刘慧和龙少波，2021）。根据持久收入假说消费理论，只要消费者的收入来源具有稳定和长期性，消费者的现期消费就可以超过其现期收入，社会养老保险及年金余额与医疗保险账户余额体现了居民长期的收入稳定程度，影响着居民对当期消费行为的决定；个人幸福度体现了居民的消费信心，居民幸福度越高，越有可能增加消费行为；社交费用体现了居民的消费偏好，居民社交费用越高，表示其更容易受到他人影响而增加消费行为；家庭恩格尔系数体现了居民家庭层面的消费环境，家庭恩格尔系数越高，居民越有可能减少消费行为。

消费支出体现的是居民当期已经实现的消费需求。本书从食品消费、衣着消费、居住消费、家庭设备服务消费、交通通信消费、教育文娱消费、医疗保健消费及其他消费考察居民消费支出情况，并参考尹志超等（2021）将以上八类消费划分为生存型消费支出、享受型消费支出以及发展型消费支出。具体来说，生存型消费包括食品消费、衣着消费和居住消费；发展型消费包括交通通信消费、医疗保健消费和文教娱乐消费；享受型消费包括家庭设备及服务消费和其他消费。

综上所述，本书构建了一个包含消费能力、消费支出和消费环境三个方面的居民消费潜力的评价指标体系。其中正指标表示指标越大表现越好，负指标则相反。为了更好地对居民消费潜力进行测度，本书利用Topsis－熵权法对上述15个具体指标进行客观赋权（具体步骤见上文城乡数字鸿沟指标构建），并计算居民消费潜力的最终得分，最终综合得分越高表示该农村居民消费潜力越大，反之，其消费潜力越小。

（2）解释变量。

城乡数字鸿沟。以各省份城乡居民人均得分差值衡量。进一步地，将城乡数字鸿沟划分为一级数字鸿沟和二级数字鸿沟两个维度。

（3）控制变量。

结合现有研究，通过控制变量的选取让回归结果更为准确。本书主要从个人、家庭和省级三个层面进行考虑，其中个人层面包括年龄、性别、受教育程度；家庭层面包括家庭人口、少儿抚养比、老年抚养比、家庭总资产；省份层面主要包括人均 GDP 以及产业构成（见表 4-7）。

表 4-7　个人、家庭及省级层面控制变量

序号	变量	测度方式
1	年龄	调查年份-出生年份
2	性别	1. 男 0. 女
3	受教育程度	将 1. 文盲/半文盲、2. 小学 3. 初中、4. 高中/中专/技校/职高、5. 大专、6. 大学本科、7. 硕士、8. 博士转化为受教育年限依次赋值 0、6、9、12、15、16、19、22
4	家庭人口	根据家庭成员关系整理加总
5	少儿抚养比	14 岁及以下家庭成员数/15~64 岁人口数
6	老年抚养比	65 岁及以上家庭成员数/15~64 岁人口数
7	家庭总资产	家庭资产包括金融资产和非金融资产之和
8	人均 GDP	省级人均 GDP 取对数
9	产业构成	第三产业增加值/GDP

梳理以往文献研究可以发现，个体所处不同的年龄阶段会影响居民的消费能力，性别的不同会导致居民消费偏好的差异，受教育程度的不同会影响居民的工作收入，从而影响其消费潜力。从家庭层面来看，家庭人口越多，则其消费支出越高，其消费潜力相对较高。少儿抚养比越高，对儿童养育的支出越高，但由于儿童没有收入来源，因此导致消费潜力越低。老人抚养比越高，对老人赡养的支出越多，而老人具有一定的收入基础，从而导致消费潜力越高。由于不同省份经济状况的不同，会导致该地区居民整体收入水平、消费习惯的不同，省份人均 GDP 以及产业构成能够表示一个地区的经济以及产业发展状况。

（4）中介变量。

1）城乡收入差距。

对于城乡收入差距，有学者利用城镇居民人均可支配收入与农村居民人均可支配收入之比来衡量（马红旗等，2017；黄漫宇和窦雪萌，2022），或者使用基尼系数以及泰尔指数进行测算（王子凤和张桂文，2023）。本书参考以上文献，使用泰尔指数作为城乡收入差距的代理变量，计算公式如下：

$$\text{Theil}_{pt} = \sum_{i=1}^{2} \left(\frac{y_{ipt}}{y_{pt}} \right) \ln \left(\frac{\dfrac{y_{ipt}}{y_{pt}}}{\dfrac{p_{ipt}}{p_{pt}}} \right) \tag{4-22}$$

其中，Theil_{pt} 表示指用泰尔指数表示 t 期 p 省城乡收入差距，y_{pt} 表示城乡家庭收入，p_{pt} 表示城乡总人口。泰尔指数越大表示该省份城乡收入差距大，反之，则表示其城乡收入差距小。

2）信贷约束。

由于信用卡的使用可以通过缓解流动性约束来刺激消费潜力的释放，因此本书借鉴杨碧云等（2023）研究，根据 CHFS 中"您家是否有未激活的信用卡"作为信贷约束的代理变量，当居民有信用卡则赋值 0，认为其不存在信贷约束，反之赋值 0。进一步分析，本书将居民因农业生产及工商业生产而产生的借款定义为生产型借贷，将购房、买车、教育、医疗等产生的借款定义为消费型借贷。

3）数字金融参与。

本书借鉴何婧和李庆海（2019）研究方法，根据数字支付产品、数字理财产品和数字信贷产品的使用情况考察家庭数字金融参与。第一，数字支付产品使用，本书根据 CHFS 问卷中"您和您家人在购物时（包括网购），一般会使用下列哪些支付方式？1. 现金；2. 刷卡（包括银行卡、信用卡等）；3. 通过电脑支付（包括网银、支付宝等）；4. 通过手机、Pad 等移动终端支付（包括支付宝、微信支付、手机银行、Apple Pay 等）"。如果农户选择选项 3 或 4，则认为该农户使用了数字支付产品，否则认为没有使用数字支付产品。第二，互联网理财产品使用。问卷问题为"目前您家购买的互联网理财产品余额是多少?"和"过去一年，您家从这类互联网理财产品上实际得到多少收入?"，农户在这两项回答中至少有一项不为 0，则认为该农户使用了数字理财产品，否则表示没有使用数字理财产品。第三，数字信贷产品使用。在回答家庭工商业经营、房屋、汽车、教育、医疗、投资等项目尚未还清的民间借款来源或资金需求计划借款渠道为"网络借贷平台"的农户，视为使用了数字信贷产品。如果农户使用了数字支付产品、数字理财产品或数字信贷产品中的任何一项，则认为该农户使用了数字金融，赋值为 1，反之则赋值为 0。

（四）描述性统计分析

通过对变量进行描述性统计，可以对本章涉及的被解释变量、解释变量、中介变量和控制变量有个初步的了解。表 4-8 的变量描述性统计涵盖了所有变量的样本量、最大值、最小值以及均值情况。从均值来看，城乡一级数字鸿沟高于二级数字鸿沟水平，且部分地区一级数字鸿沟已有弥合趋势。样本平均年龄为 54 岁，且男、女样本量基本持平。家庭人口平均 2 人左右，老年抚养比均值为 0.4，少儿抚养比均值为 0.1，说明样本中抚养老人人数多于抚养幼儿及儿童数量。

表 4-8   描述性统计分析

变量	样本量	均值	最小值	最大值
居民消费潜力	35129	0.035	0.003	0.084
城乡数字鸿沟	35129	0.105	0.008	0.616
一级数字鸿沟	35129	0.154	−0.01	0.317
二级数字鸿沟	35129	0.038	0.005	0.087
泰勒指数	35129	0.015	0.000	0.047
信贷约束	35129	0.800	0.000	1.000
生产型借贷	35129	1.458	0.000	2023.763
消费型借贷	35129	3.726	0.000	889.118

续表

变量	样本量	均值	最小值	最大值
年龄	35129	53.474	16.000	85.000
性别	35129	0.485	0.000	1.000
受教育程度	35129	8.802	0.000	22.000
家庭人口	35129	2.254	1.000	12.000
少儿抚养比	35129	0.129	0.000	4.000
老年抚养比	35129	0.459	0.000	4.000
总资产	35129	12.739	0.000	19.014
产业结构	35129	0.528	0.400	0.831
人均 GDP	35129	11.166	10.379	12.156

二、实证分析

(一) 基准回归检验

本部分检验城乡数字鸿沟对农村居民消费潜力的影响，回归结果如表4-9所示。(1) 列为不加入控制变量的回归结果。结果显示在5%的水平下显著，城乡数字鸿沟会降低农村居民的消费潜力。(2) 列至 (4) 列中为分别加入个人、家庭和省级层面的控制变量后的回归结果。结果显示城乡数字鸿沟对农村居民消费潜力的影响始终显著为负。在引入所有控制变量后，在5%的水平下显著，城乡数字鸿沟每上升1个单位，农村居民消费潜力下降0.676个单位，假说H1得到验证。

表4-9　基准回归结果

变量	(1)	(2)	(3)	(4)	(5)	(6)
	农村居民消费潜力					
城乡数字鸿沟	-0.731** (0.304)	-0.725** (0.306)	-0.687** (0.292)	-0.676** (0.293)	—	—
一级数字鸿沟	—	—	—	—	-0.0577 (0.0612)	—

续表

变量	(1)	(2)	(3)	(4)	(5)	(6)
	农村居民消费潜力					
二级数字鸿沟	—	—	—	—	—	-0.539 ** (0.219)
年龄	—	-0.00115 * (0.000660)	-0.00201 * (0.00106)	-0.00188 * (0.00114)	-0.00196 * (0.00115)	-0.00200 * (0.00119)
性别	—	-0.0192 (0.0175)	-0.0314 * (0.0166)	-0.0310 * (0.0176)	-0.0342 * (0.0188)	-0.0309 * (0.0181)
受教育程度	—	0.000329 (0.00113)	0.000265 (0.00104)	0.000332 (0.00107)	0.000168 (0.00104)	0.000384 (0.00109)
家庭人口	—	—	-0.00966 *** (0.00219)	-0.00966 *** (0.00222)	-0.00965 *** (0.00225)	-0.00993 *** (0.00220)
少儿抚养比	—	—	-0.0210 ** (0.00902)	-0.0194 ** (0.00909)	-0.0196 ** (0.00908)	-0.0195 ** (0.00913)
老年抚养比	—	—	0.00254 (0.00377)	0.00350 (0.00375)	0.00398 (0.00383)	0.00274 (0.00373)
总资产	—	—	0.00344 * (0.00201)	0.00364 * (0.00199)	0.00337 * (0.00203)	0.00349 * (0.00203)
产业结构	—	—	—	0.0801 (0.111)	0.0427 (0.108)	-0.0147 (0.108)
人均GDP	—	—	—	-0.0185 (0.0726)	-0.0448 (0.0710)	-0.0275 (0.0726)
常数项	0.105 *** (0.0111)	0.172 *** (0.0388)	0.204 *** (0.0623)	0.353 (0.859)	0.655 (0.840)	0.506 (0.855)
样本量	12977	12977	12977	12977	12977	12977
R-squared	0.053	0.056	0.117	0.121	0.111	0.119

控制变量方面，随着年龄的增大，居民消费潜力会显著下降。从回归结果来看，女性消费潜力高于男性，这可能是因为女性更倾向于进行消费，包括个人及家庭消费。家庭人口数量越多，消费潜力越低，这可能是因为家庭人口越多，人均收入越少，从而消费潜力越低。少儿抚养比会降低居

民消费潜力，这是因为少儿抚养一方面会降低人均收入水平，另一方面家庭可能会倾向于为子女未来进行储蓄，从而降低当期消费支出。同预期一样，家庭资产会增加居民消费潜力，家庭资产越多表示居民消费能力越高，从而消费潜力越高。

城乡一级数字鸿沟及二级数字鸿沟对农村居民消费潜力影响结果如表4-8中（5）列、（6）列所示。由回归结果可知，一级数字鸿沟对农村居民消费潜力影响结果并不显著，这意味着以接入差异造成的一级数字鸿沟已经不再对农村居民消费潜力产生影响，即一级数字鸿沟对消费潜力的影响在一定程度上随着互联网的快速普及已经得到部分弥合，假说H1a得到验证。而二级数字鸿沟在5%的显著性水平下对农村居民消费潜力产生负向影响，意味着以使用差异造成的二级数字鸿沟对农村居民的消费潜力仍具有抑制作用。二级数字鸿沟每上升1个单位，农村居民消费潜力下降0.539个单位，假说H1b得到验证。

（二）内生性检验

城乡数字鸿沟与农村居民消费潜力可能存在反向因果的关系，比如收入较高的农村居民，可能对于信息通信技术（ICT）的使用更熟练，或是消费能力较强的农民，会更多地使用网络进行购物，从而提高了其数字技能水平等。此外，个体差异难以量化，易导致遗漏解释变量的问题出现。因此，本章在基准回归时增加了个体、家庭以及省级层面的控制变量，尽量减少遗漏变量的发生。但内生性问题仍可能存在，故本书采用工具变量法进行内生性检验。参考黄漫宇和窦雪萌（2022）的研究方法，选取各省份城乡宽带用户数比值作为城乡数字鸿沟的工具变量。理论上省级城乡宽带用户接入数反映的是省级层面城镇和农村地区的互联网接入情况，与数字鸿沟的接入与使用层面紧密相关，满足相关性假设，而且省级城乡宽带接入用户比值不会对农村居民个体的消费潜力产生直接影响，满足外生性假设。

城乡宽带用户接入数来源于国家统计局，用城镇与农村宽带接入用户数比值衡量该省份的城乡数字鸿沟水平，比值越大表示城乡数字鸿沟越大。具体回归结果如表4-10所示。由（2）列结果可知，不可识别检验的LM

统计值为 27.49，对应的 P 值为 0.00，小于 0.05，表明拒绝工具变量识别不足的原假设；弱工具变量检验的 F 统计值为 36.59，大于 10% 的临界值 16.38，拒绝原假设，表明工具变量与解释变量之间满足相关性特征，故本书选取的工具变量是有效的。从回归结果来看，加入工具变量后，在 5% 的水平下城乡数字鸿沟每扩大 1 个单位，农村居民消费潜力下降 2.79 个单位，与基本回归结果保持一致。

表 4-10　内生性问题处理结果

变量	(1)	(2)
	城乡数字鸿沟	居民消费潜力
工具变量	0.056*** (0.0006)	—
城乡数字鸿沟	—	−2.797** (1.263)
控制变量	YES	YES
个体固定效应	YES	YES
时间固定效应	YES	YES
不可识别检验	—	27.49
弱工具变量检验	—	36.59
样本量	12977	12977
拟合优度	0.128	0.147

（三）稳健性检验

1. 替换被解释变量

为保证估计结果的可信性，本书参考崔琳昊（2023）的研究方法，使用农村居民人均消费支出作为农村居民消费潜力的替代性被解释变量。由于农村居民的消费支出是农村居民消费潜力的一部分，代表农村居民消费潜力的现实需求。因此，采用农村居民人均消费支出作为农村居民消费潜力的替代性被解释变量能够在一定程度上验证城乡数字鸿沟对农村居民消费潜力的影响。

回归结果如表4-11所示，在使用农村居民人均消费支出作为农村居民消费潜力的替代性被解释变量后，城乡数字鸿沟仍在5%的显著性水平下降低了农村居民的消费潜力，与基准回归结果保持一致，回归结果具有稳健性。

表4-11　稳健性检验结果

变量	（1）	（2）
	Ln 人均总消费	消费潜力
城乡数字鸿沟	−10.52** （4.218）	−0.626** （0.304）
控制变量	YES	YES
个体固定效应	YES	YES
时间固定效应	YES	YES
样本量	12977	12366
R-squared	0.441	0.118

2. 调整样本量

参考杨碧云等（2023）研究方法，本书尝试对样本进行调整，为避免农村居民正处于上学阶段，没有收入来源，从而对其消费潜力产生潜在影响。本书排除了年龄处于22岁以下的样本，剔除后保留农村居民样本为12366个。

回归结果显示，在提出22岁以下样本后，城乡数字鸿沟仍在10%的显著性水平下降低了农村居民的消费潜力，与基准回归结果保持一致，回归结果具有稳健性。

第五节　渠道机制检验

一、模型构建

上述分析已经表明城乡数字鸿沟会对农村居民消费潜力产生影响，通过弥合数字鸿沟能够显著提升农村居民的消费潜力。本书借鉴温忠麟和叶宝娟（2014）使用的中介效应分析方法来研究城乡数字鸿沟是否会通过扩大城乡收入差距、增加信贷约束以及降低数字金融参与来影响农村居民消费潜力。

相较于回归分析，中介效应模型能够更准确地反映出各变量之间的影响渠道及机制，它以中介的角色在自变量和因变量产生作用的过程中发挥效用，即自变量会通过中介变量对因变量产生影响（温忠麟和叶宝娟，2014）。当检验自变量 X 对因变量 Y 产生影响时，如果 X 通过 M 来影响 Y，那么 M 就是中介变量。以下公式表明了自变量、因变量与中介变量的关系：

$$Y = cX + \varepsilon_1 \tag{4-23}$$

$$M = aX + \varepsilon_2 \tag{4-24}$$

$$Y = c'X + bM + \varepsilon_3 \tag{4-25}$$

其中，X 表示自变量，Y 表示因变量，M 表示中介变量。在方程中系数 c 为自变量 X 对因变量 Y 的总效应；方程中系数 a 表示自变量对中介变量 M 的效应；方程中系数 b 表示在对自变量 X 的影响进行控制后，中介变量 M 对因变量 Y 的效应，系数 c' 表示在控制了中介变量 M 的影响后，自变量 X 对因变量 Y 的直接影响效应。ε_1、ε_2、ε_3 为回归残差项。

本书中城乡数字鸿沟对农村居民消费影响的研究中城乡收入差距中介效应的检验通过以下三个方程来体现：

$$consump_{ipt} = \alpha_0 + \alpha_1 ucdivide_{ipt} + \alpha_2 X_{ipt} + \lambda_i + \varphi_t + \varepsilon_{1ipt} \tag{4-26}$$

$$incgap_{ipt} = \gamma_0 + \gamma_1 ucdivide_{ipt} + \gamma_2 X_{ipt} + \lambda_i + \varphi_t + \varepsilon_{2ipt} \tag{4-27}$$

$$consump_{ipt} = \theta_0 + \theta_1 ucdivide_{ipt} + \theta_2 incgap_{ipt} + \theta_3 X_{ipt} + \lambda_i + \varphi_t + \varepsilon_{3ipt} \tag{4-28}$$

信贷约束的中介效应检验，通过以下三个方程来实现：

$$consump_{ipt} = \alpha_0 + \alpha_1 ucdivide_{ipt} + \alpha_2 X_{ipt} + \lambda_i + \varphi_t + \varepsilon_{1ipt} \tag{4-29}$$

$$cregap_{ipt} = \gamma_0 + \gamma_1 ucdivide_{ipt} + \gamma_2 X_{ipt} + \lambda_i + \varphi_t + \varepsilon_{2ipt} \tag{4-30}$$

$$consump_{ipt} = \theta_0 + \theta_1 ucdivide_{ipt} + \theta_2 cregap_{ipt} + \theta_3 X_{ipt} + \lambda_i + \varphi_t + \varepsilon_{3ipt} \tag{4-31}$$

数字金融参与的中介效应检验，通过以下三个方程来实现：

$$consump_{ipt} = \alpha_0 + \alpha_1 ucdivide_{ipt} + \alpha_2 X_{ipt} + \lambda_i + \varphi_t + \varepsilon_{1ipt} \tag{4-32}$$

$$\text{diggap}_{ipt} = \gamma_0 + \gamma_1 \text{ucdivide}_{ipt} + \gamma_2 X_{ipt} + \lambda_i + \varphi_t + \varepsilon_{2ipt} \qquad (4-33)$$

$$\text{consump}_{ipt} = \theta_0 + \theta_1 \text{ucdivide}_{ipt} + \theta_2 \text{diggap}_{ipt} + \theta_3 X_{ipt} + \lambda_i + \varphi_t + \varepsilon_{3ipt} \qquad (4-34)$$

其中，incgap_{ipt} 表示城乡收入差距，cregap_{ipt} 表示信贷约束，diggap_{ipt} 表示数字金融参与。其余各变量表示与上文相同。

二、中介效应检验

（一）城乡收入差距与农村居民消费潜力

根据研究假设中对城乡数字鸿沟、农村居民消费潜力以及城乡收入差距做中介效应检验，回归结果如表 4-12 所示，从回归结果可以看出，城乡数字鸿沟会显著扩大城乡收入差距，而城乡收入差距的扩大又会显著降低农村居民消费潜力，假说 H2 得到验证。回归结果说明了城乡数字鸿沟会对城镇及农村地区居民收入产生不同影响。这种影响可能在互联网覆盖初期就扩大了城乡的收入差距，并随着一级数字鸿沟以及二级数字鸿沟的不断扩展，这种影响逐渐加深。随着城乡收入差距的扩大，农村居民收入水平降低，也因此降低了农村居民的消费潜力。

表 4-12 城乡数字鸿沟对收入差距机制检验

变量	(1)	(2)
	城乡收入差距	农村居民消费潜力
城乡数字鸿沟	0.462 *** (0.0472)	−0.805 *** (0.299)
城乡收入差距	—	−0.280 * (0.075)
控制变量	YES	YES
个体固定效应	YES	YES
时间固定效应	YES	YES
样本量	12977	12977
R-squared	0.362	0.124

（二）借贷约束与居民消费潜力

根据研究假设中对城乡数字鸿沟、农村居民消费潜力以及农村居民信贷约束做中介效应检验，回归结果如表 4-13 所示，从回归结果可以看出，城乡数字鸿沟会显著提高农村居民的借贷约束，而农村居民的借贷约束又会显著降低农村居民的消费潜力，假说 H3 得到验证。进一步分析，对农村居民生产型借贷以及消费型借贷分别进行分析发现：城乡数字鸿沟对生产型借贷影响并不显著，但生产型借贷会显著提升农村居民的消费潜力。这可能是因为农村居民因为生产型消费而缺少资金时，往往会主动利用互联网等数字手段搜寻有关借贷的信息，从而使得城乡数字鸿沟并没有显著影响农村居民的生产型借贷。但生产型借贷能够提升农村居民的生产力水平，提高其收入水平，从而提升农村居民的消费潜力。从消费型借贷行为来看，城乡数字鸿沟显著降低了农村居民消费型借贷，从而降低其消费潜力。这可能是因为在面对购房、买车、医疗等消费支出行为时，农村居民往往没有更深的信息搜寻行为动机，从而受到其本身信息资源的匮乏，导致农村居民消费型借贷行为的减少，从而降低了农村居民的消费潜力。

表 4-13　城乡数字鸿沟对借贷约束机制检验

变量	(1)	(2)	(3)	(4)	(5)	(6)
	信用卡	消费潜力	生产型借贷	消费潜力	消费型借贷	消费潜力
城乡数字鸿沟	3.826**	-0.566*	9.669	-0.689**	-96.39**	-0.579**
	(1.532)	(0.292)	(20.16)	(0.286)	(40.49)	(0.289)
信用卡	—	-0.0243**	——	—	—	—
		(0.00945)				
生产型借贷	—	—	—	0.00131*	—	—
				(0.000782)		
消费型借贷	—	—	—	—	—	0.00100**
						(0.000474)
控制变量	YES	YES	YES	YES	YES	YES
个体固定效应	YES	YES	YES	YES	YES	YES

续表

变量	（1）	（2）	（3）	（4）	（5）	（6）
	信用卡	消费潜力	生产型借贷	消费潜力	消费型借贷	消费潜力
时间固定效应	YES	YES	YES	YES	YES	YES
样本量	12977	12977	12977	12977	12977	12977
R-squared	0.062	0.134	0.061	0.129	0.059	0.132

（三）数字金融与居民消费潜力

根据研究假设中对城乡数字鸿沟、农村居民消费潜力以及数字金融参与做中介效应检验，回归结果如表 4-14 所示。从回归结果可以看出，城乡数字鸿沟会显著降低农村居民使用数字金融，从而降低了其消费潜力的释放。这种影响在数字基础建设初期到互联网的覆盖过程中都对农村居民的消费潜力产生了阻碍。城乡数字鸿沟每提高 1 个单位，农村居民数字金融的使用将降低 5.035 个单位，消费潜力下降 0.592 个单位。数字金融的使用对消费潜力具有部分中介效应，H4 得到验证。

表 4-14 城乡数字鸿沟对数字金融机制检验

变量	（1）	（2）
	数字金融	消费潜力
城乡数字鸿沟	-5.035^{***} （1.922）	-0.592^{**} （0.302）
数字金融	—	0.0168^{**} （0.00651）
控制变量	YES	YES
个体固定效应	YES	YES
时间固定效应	YES	YES
样本量	12977	12977
R-squared	0.393	0.134

三、异质性分析

(一) 收入的异质性分析

传统消费理论认为收入是决定消费的核心因素，本章按照各省份家庭收入 25、50、75 分位进行排序，等分为低收入、较低收入、较高收入以及高收入四个组。实证结果如表 4-15 所示，可见数字鸿沟主要显著抑制了较高等收入家庭的消费潜力，而对于其他组的人群并没有显著影响。造成这种差异性可能是因为，对于低收入以及较低收入群体来讲，导致其消费潜力较低的主要原因是因为自身收入水平较低，从而导致城乡数字鸿沟对于其消费潜力并没有显著性影响。而对于高收入群体来讲，即便存在城乡数字鸿沟，较高收入水平也意味着较高的消费潜力，因此城乡数字鸿沟并不能显著影响这部分人群的消费潜力。

表 4-15　收入异质性分析结果

变量	(1) 低收入	(2) 较低收入	(3) 较高收入	(4) 高收入
城乡数字鸿沟	-0.148 (0.313)	-1.012 (0.693)	-3.489*** (1.218)	-2.781 (5.518)
控制变量	YES	YES	YES	YES
个体固定效应	YES	YES	YES	YES
时间固定效应	YES	YES	YES	YES
样本量	4890	3594	2564	1929
R-squared	0.155	0.476	0.685	0.888

(二) 年龄的异质性分析

各年龄段群体均会不同程度受到数字鸿沟的影响。本章按照居民年龄将样本划分为 22 岁及以下、23~40 岁、41~50 岁、51~60 岁、61 岁及以上五个子样本群。表 4-16 显示了对不同年龄群体的回归分析结果，显示城乡数字鸿沟对于年龄 23~50 岁居民不存在显著影响，对其他年龄段农村居民均有不同程度的影响。这说明城乡数字鸿沟对于农村青、老年群体的影响最为显著，降低城乡数字鸿沟将有效提升这部分农村居民的消费潜力。对23～50岁的农村居民来讲，一方面，他们可能正处于事业的上升期，还可能面临结婚、购房等重大消费支出，因此城乡数字鸿沟并没有显著影响他们的消费潜力。另一方面，这部分农村居民相对于其他群体更容易接受互联网相关技术，能够有效提升自身的数字技能，因此他们面临的城乡数字鸿沟更小，因此城乡数字鸿沟并没有显著影响他们的消费潜力。

表 4-16　年龄异质性分析结果

变量	(1)	(2)	(3)	(4)	(5)
	22 岁及以下	23～40 岁	41～50 岁	51～60 岁	61 岁及以上
城乡数字鸿沟	-2.719***	-2.366	0.115	-1.175**	-1.285***
	(0.259)	(1.603)	(0.584)	(0.494)	(0.454)
控制变量	YES	YES	YES	YES	YES
个体固定效应	YES	YES	YES	YES	YES
时间固定效应	YES	YES	YES	YES	YES
样本量	704	1731	2046	3199	5377
R-squared	0.988	0.667	0.833	0.254	0.195

第六节　本章小结

　　总需求不足是当前经济运行面临的突出矛盾，要大力实施扩大内需战略，使社会再生产实现良性循环。消费作为拉动经济增长的重要动力，承担着保持经济平稳较快发展的重大责任。然而农村居民消费潜力一直没有得到有效释放。在以互联网、信息技术和人工智能等新兴技术为核心的第四次技术革命快速推进的背景下，由此产生的数字鸿沟对于农村居民消费潜力的抑制更加值得重视。

本章首先介绍了数字鸿沟以及居民消费潜力的发展背景，并对城乡数字鸿沟、居民消费潜力和城乡数字鸿沟对农村居民消费潜力影响的相关研究进行梳理，基于马克思消费理论以及西方消费理论等理论，本章使用文献分析法、比较分析法、实证分析法等研究方法，利用 2017 年、2021 年中国时间利用调查数据以及中国家庭金融调查数据构建面板数据，并使用 Topsis-熵权法对城乡数字鸿沟指标体系进行构建。在指标体系基础上，对于我国 29 个省份（除新疆、西藏以及港澳台地区）的城乡数字鸿沟现状进行分析。随后，构建双向固定效应模型，分析城乡数字鸿沟对农村居民消费潜力的影响与作用机制，同时对模型产生的结果做出异质性分析，通过替换核心解释变量和缩小样本量来进行稳定性检验。进一步从城乡收入差距、借贷约束以及数字金融视角，讨论城乡数字鸿沟对于农村居民消费潜力影响的中介效应，并阐述其影响机制。

基于以上实证过程的分析，研究结果表明城乡数字鸿沟会显著降低农村居民的消费潜力。分层面来看，一级数字鸿沟对农村居民消费潜力影响结果并不显著；二级数字鸿沟对农村居民消费潜力的影响显著。从影响渠道机制来看，城乡数字鸿沟会通过扩大城乡收入差距、扩大借贷约束以及影响居民数字金融参与，从而影响农村居民消费潜力的释放。从异质性分析来看，城乡数字鸿沟主要显著抑制了较高等收入人群的消费潜力，并且城乡数字鸿沟对 23~50 岁居民不存在显著影响，而对其他年龄段农村居民均有不同程度的影响。

根据实证分析的结果，本章从基础设施建设、信息技术培训、数字农业推广等方面，提出了缩小城乡数字鸿沟的相关举措。通过缩小城乡数字鸿沟，有效释放农村居民消费潜力，形成强大的消费市场，将有助于实现我国高质量发展远景目标。

第五章 数字金融能力对居民家庭金融资产配置的影响

第一节 问题的提出

随着经济全球化的不断深化，金融市场也在与时俱进地发展，不仅出现了许多更加贴近普通家庭经济情况的金融产品，更多适用于大众的金融服务也源源不断地涌现出来。金融知识的迅速传播大大提高了国民的金融素养，促使更多的人投身于金融市场，投资各种金融资产的数量也日渐增多。而家庭是每个人在社会环境中最重要、联系最紧密的社会单位，随着家庭财富和金融市场之间的联系日渐紧密，家庭财富或资产的合理分配对家庭成员的重要性不言而喻。家庭观念在我国尤为突出，因为大部分的居民都是以家庭作为基本单位来进行一系列经济活动。家庭通过银行、证券市场、保险公司等金融机构进行各种金融活动，如储蓄、投资、贷款、保险等，为金融市场提供了巨大的资金来源和需求。金融机构根据家庭的需求开发各种金融产品和服务，满足其不同的金融需求。路晓蒙等（2019）发现在2015年的中国居民家庭资产配置中，金融资产的占比过低，约为18.2%。家庭财富分配中各类财富的占比变动以及引发这些变动的因素有哪些，这些因素对财富配比的影响机制是怎样的，对我国居民财产结构转型方面的研究十分重要。故而本书把目光更多地放在了家庭金融行为的研究上面。优化家庭资产结构，加强家庭金融管理，不仅可以改善该家庭的财富结构，帮助家庭和居民个人积累更多的财富，还能够更好地调动社会财富资源，变社会各阶层储蓄为资本，有利于增强金融市场的活力，促进生成更多的社会财富。

伴随云计算、大数据等技术在金融业内的广泛应用，一种融合了金融元素和数字技术的新型金融服务模式——数字金融由此产生。相较于传统的金融服务方式，数字金融展示出了独特的优越性，首先，体现在其能够有效压缩信息传递成本，从而极大地优化了金融服务效率，为个体提供了更为广阔且高效的信息获取渠道。这种便捷的信息获取不仅能够满足个体的信息需求，还能减少由于信息不对称所带来的不确定性，使个体更加理性地进行金融决策。其次，数字金融使得个体能够更充分发挥主观能动性，通过数字金融平台，个体可以随时随地进行投资交易、资产管理等操作，实现财富的增值和保值，提升个人财富管理的效率和效益。另外，数字金融的发展也促进了金融服务的个性化和智能化。借助大数据和人工智能技术，金融机构可以根据客户的财务状况对客户的投资目标、风险偏好等进行精准定位，为客户提供量身定制的投资建议和服务。这种智能化的金融服务不仅能够提高客户的投资体验和满意度，还能够更好地满足客户多样化的投资需求，推动金融市场的健康发展。在数字经济的推动下，数字金融正成为中国金融市场的重要组成部分，对于促进金融市场的创新发展、提升金融服务的水平和效率具有重要意义。随着数字技术的不断发展和应用，数字金融将继续发挥着重要的作用，推动金融行业朝着更加智能、高效、包容的方向发展。

当数字金融作为一种方便快捷、准确高效的金融服务方式来给金融投资者提供服务时，数字金融也间接地改变了投资者家庭的投资习惯和偏好，对家庭财富分配和资产结构的影响也越来越重要。通过让家庭资产进行科学有效的配置，加强家庭财富与金融市场的联系，不仅有助于家庭拓宽收入渠道，为实现收入多样化提供新路径，还关系到国家金融市场的可持续发展，为中国的金融市场注入强劲新动力。

对家庭金融资产进行有效配置能显著地增加家庭收入来源、改善家庭资产结构，缓解我国家庭对金融市场的"有限参与"现象。根据经典的投资组合理论，在理性人和完全市场的假设条件下，通过将资金分散投资于不同种类的资产，可以降低整体投资组合的风险。换言之，投资者可通过分散投资产品种类来确保投资组合的预期回报与承担的风险相匹配，确定最佳的资产配置比例以实现预期的投资目标并最大化投资回报。但在现实情况中，我国大多数家庭的金融资产配置仍以储蓄存款为主，存在金融资产种类过少、投资效率不足等问题。CHFS2017年、2019年的数据也印证了上述特征，在统计的样本家庭中持有风险金融资产的家庭数量过少，2017年持有股票、基金和金融理财产品的家庭占比分别为8.7%、3.0%和4.2%；2019年相对应的占比分别为5.0%、1.6%和5.7%。党的二十大报告提出要探索多种渠道增加中低收入群众要素收入，多渠道增加城乡居民财产性收入，2024年2月29日，央行有关负责人在针对新出台的《关于银行间债券市场柜台业务有关事项的通知（征求意见稿）》答记者问时也表示，通过柜台渠道投资债券市场，能够实现储蓄资金向债券资产的有效配置转移，并借此拓宽家庭财富增值渠道，提升财产性收益水平。从最新出台的政策来看，通过对家庭资产进行合理分配，不仅能改善家庭资产结构，而且对提升家庭的经济实力、增强财务安全具有不可忽视的作用。为此，本章深入探究家庭金融资产配置的影响因素，例如金融素养、风险偏好和收入水平，并对其作用机制进行分析，希望从微观上增强人民群众的获得感和幸福感，达到改善家庭金融资产结构的目的；从宏观上缩小与金融强国的差距，实现金融强国建设和金融高质量发展的目标。

我国的数字金融发展在推动金融服务数字化的同时，还起到了促进家庭参与金融市场的效果。第52次《中国互联网络发展状况统计报告》数据显示，截至2023年6月，我国网民规模达10.79亿人，互联网普及率达76.4%。信息技术领域的更新迭代有力地促进了金融业的数字化转型进程，定制化、多样化的数字金融服务搭乘金融数字化的快车如雨后春笋般涌现，为投资者提供了多样化的金融投资工具。居民的金融素养和数字操作技能的提升从需求端刺激了家庭对于参与金融市场的意愿，所以家庭金融在金融市场中的地位也不断攀升。最近发布的相关研究文献也印证了上述的观点：从宏观层面来看，谢平和邹传伟（2012）认为数字金融的出现从支付方式、信息处理、资源分配三个角度冲击了传统的金融经营模式与业务板块，提高了资源配置效率，有力地促进了金融行业的改革与发展；从微观层面来看，吴雨等（2021）发现数字金融通过增强投资便利性等路径提高家庭金融资产组合的有效性。数字金融对家庭金融决策的影响是否通过上述的影响机制，还是通过其他的影响渠道来影响家庭金融资产的分配，对不同种类的金融资产之间影响是否存在差异，在本书中也会进行探究，为数字金融影响家庭金融这一领域的研究内容提供了适当的理论补充。

数字金融能力该如何界定？数字金融能力是否能对家庭金融决策产生影响，这是本章研究所要明确的前提条件。数字金融能力是指个人或家庭拥有的金融知识和数字技术的综合能力，缺乏必要的数字技能与金融素养会限制个人或家庭在金融资产配置方面的合理化与有效性。郭峰和王瑶佩（2020）研究指出，居民在数字金融服务上的获取感与应用程度与他们所具备的个人金融素养和数字技术水平高度相关。通过参与数字金融活动，不仅可以提升个人的金融素养和数字技能，还有助于提高家庭的经济收入和财富增值能力。然而，目前尚未就数字金融能力是否能够显著促进家庭金融资产配置达成一致的结论。同时，数字金融能力对不同家庭类型中各类金融资产配置的影响可能存在异质性，这一领域内影响途径的具体表现还有待深入探究。为此，本章通过构建基于中国家庭金融调查（CHFS）微观数据的家庭数字金融能力评估指标体系，并结合家庭在金融市场中的参与状况以及相应的资产配置规模等变量，利用实证方法来研究数字金融能力对各类家庭中的各种金融资产配置决策的影响效应及其内在机理，这对发挥数字金融的优势、拓展家庭收入来源、激发居民参与金融投资活动的热情具有重要现实意义。

第二节　理论基础与研究假设

一、家庭金融资产配置的相关理论

（一）现代投资组合理论

一般而言，家庭金融资产配置的研究建立在现代投资组合理论的基础上，该理论最早由 Markowitz 提出，其核心问题是在市场上如何选择收益和风险的组合。该理论的核心思想是通过构建一个有效的投资组合，在锁定风险时获取最大收益，或者在锁定收益时承担最小风险。该理论通过量化风险和回报，建立了均值—方差模型，并在此基础上提出了确定最优投资组合的基本模型。这一理论强调投资的多元化以实现风险与回报的最大化。

Tobin 进一步提出了分离定理，分离定理的核心观点是在确定最优风险资产组合时，投资者不能仅基于自己的风险偏好来选择投资组合。相反地，他们必须依据风险资产组合的预期回报率和其标准差来进行决策。这种分析方法排除了个人风险偏好对组合选择的影响，强调了理性和数学模型在投资决策中的重要性。因此，分离定理对那些寻求量化风险并制定有效投资策略的投资者来说，提供了一个强有力的理论基础，它帮助投资者理解如何通过优化资产组合的回报分布和标准误差来实现最佳的风险平衡。简而言之，分离定理表明了一种方法论上的转变：从依赖个人偏好到更多地关注资产收益的客观特征，从而为投资者提供了一个更加精确和可操作的工具。

Sharpe（1964）提出了资本资产定价模型（CAPM）。其基本假设包括：投资者完全理性，市场处于完全竞争和信息透明的状态下，存在一个无风险资产，其收益率可以确定，每个人都可以无限制地按照相同的无风险利率进行借贷。CAPM 的核心思想是通过将资产的风险分解为系统性风险（β 风险）和非系统性风险（特定于某个资产的风险）来确定每种资产的预期收益率。系统性风险是市场整体风险的一部分，而非系统性风险是特定于某个资产的风险，可以通过分散化投资来降低。通过严谨的数学推导，CAPM 模型认为，投资者只关心资产的 β 系数和市场组合的预期收益率与无风险利率之间的差异（即市场风险溢价）。在实际操作中，CAPM 模型指导投资者在进行投资选择时，会优先考虑那些能够提供最大市场风险溢价的投资组合，这样做是为了最大化地从市场波动中获益。然而，这种做法也意味着投资者需要在风险和回报之间做出权衡，因为过高的风险溢价并不总是代表更高的潜在回报。因此，理解和应用 CAPM 模型对于制定有效的投资策略至关重要，它促使投资者在追求高风险高收益的同时，也要对可能伴随的高风险保持警惕。

另一个解释资产定价的理论是套利定价理论（APT），Ross（2015）指出 APT 的核心思想是通过对资产组合之间的套利机会进行分析来解释资产的定价，它假设投资者会利用资产之间的价格差异进行套利，从而推动资产的价格回归到合理的水平。APT 并没有像 CAPM 那样提供一个具体的公式来计算资产的预期回报率。相反，它更多的是通过寻找资产组合之间的价格差异来判断市场是否存在套利机会。APT 认为，资产的预期回报不仅取决于市场风险，还取决于其他影响因素，这些因素被统称为"因子"。与 CAPM 不同，APT 没有明确指定市场风险因子，而是允许使用多种因子，如利率变动、通货膨胀率、产业周期等，来解释资产的预期回报。

现代投资组合研究的深入发展，已经为复杂多变的家庭金融资产配置提供了坚实的理论支撑。这种理论不仅指导家庭如何在各种金融产品之间进行合理分配，而且还对他们的投资决策产生了深远的影响。通过构建科学的模型和应用经济学的基本原理，家庭投资者可以更加明智地选择投资标的，以达到风险与收益的有效平衡。这样的决策过程不仅有助于降低潜在的损失，同时也能确保长期财富增长的可能性。因此，这些研究成果对促进家庭金融资产的健康、稳健增长至关重要，能够帮助每个家庭根据自身的经济状况和风险承受能力，制定出最适合自己的投资策略。

（二）家庭生命周期理论

家庭生命周期理论是一种社会学理论，用于描述和分析家庭在时间上经历的不同阶段和变化。欧内斯特·伯恩斯坦在 1931 年提出了家庭生命周期理论，他的目标是提供一个框架，帮助理解家庭在不同阶段所面临的任务和挑战，以及这些阶段如何影响家庭成员的生活。伯恩斯坦认为，家庭不是一个静态的实体，而是一个动态的系统，经历着不断变化的发展阶段（周雨晴和何广文，2020；彭澎和徐志刚，2021）。

家庭生命周期理论认为，一个家庭的生命周期是从婚姻初始阶段开始，在这个阶段，夫妻建立起婚姻关系，开始共同生活，并试图适应彼此的习惯和价值观；在婚姻稳定阶段，夫妻之间的情感关系、经济关系相对稳定，他们可能已经有了孩子或正在准备生育下一代。这个阶段的重点是建立稳定的家庭关系和正常的生活秩序；当孩子出生并逐渐长大成人时，家庭进入成年子女阶段。在这个阶段，父母必须应对孩子的成长需求，如家庭教育、经济支持和价值观引导等任务，同时父母也要面临逐渐独立的子女给家庭带来的变化；当子女长大离开家庭并独立生活时，家庭进入空巢阶段。这个阶段的特点是夫妻关系重新焕发活力，他们可以有更多的时间和空间关注彼此，追求自己的兴趣爱好；随着年龄的增长，夫妻进入老年阶段。在这个阶段，他们可能会面临身体健康问题、退休规划以及对未来的担忧，但也可以享受更多的休闲和亲密时光。

关于家庭周期理论是如何影响家庭资产结构和投资需求的，本书认为在不同的家庭周期阶段之间，家庭对风险的承受能力、对未来的资产规划以及家庭内部成员的需求也是随之变化的。例如在结婚前，年轻人因为不担负养育孩子的支出，也少有赡养年迈父母的压力，故而更愿意承担一定的风险，以追求更高的收益；在新婚阶段和婚姻生活稳定阶段，家庭可能需要资金用于购买房屋、生育和抚养子女以及储蓄用于应对意外事件，经济负担加重，故而在风险承受能力方面弱于结婚前，在成年子女阶段，家庭需要资金用于子女的教育和成长支出，同时开始积累退休金，以应对老年阶段的生活支出；在空巢阶段和老年阶段，因为年龄导致他们没有足够的时间来应对潜在的损失，家庭可能更关注保守的投资策略，以确保资金安全和稳健增长。

基于家庭生命周期理论，在家庭金融研究领域的相关实证分析中，众多学者加入年龄的平方变量，得出年龄增长与家庭风险金融市场参与具有倒"U"型关系的结论，这也将在本章实证分析中予以体现。

（三）行为金融理论

行为金融理论的产生可以追溯到20世纪80年代末90年代初。在这个时期，传统的现代金融理论开始受到挑战，特别是有效市场假说和资本资产定价模型。一些经济学家和学者发现，市场参与者的行为并不总是理性的，市场价格也不总是完全反映所有可用信息，这与现代金融理论的理论基础相悖。而在同时期逐渐兴起并发展的心理学和行为经济学为行为金融理论的形成提供了理论基础和方法论支持，其强调的人类决策行为的心理因素和偏差不仅能很好地解释如信息不对称、交易成本、套利限制等市场失效现象，为更深入地理解金融市场的运行提供了新的视角，还对投资者如反向操作、长期持有等非理性行为的投资策略提供了理论支持，促使学术界开始重新审视投资者的行为模式。这一发现推动了人们对金融市场行为的深入研究，从而形成了行为金融理论。

由于行为金融理论强调市场参与者因受到情绪、偏好和认知限制等因素的影响可能会做出非理性行为，因此本书关于行为金融理论对家庭金融资产配置的影响主要总结为以下几点：

第一，非理性决策影响资产配置：行为金融理论指出，市场参与者的决策并不总是理性的，他们可能受到情绪和心理偏差的影响。这种非理性决策可能导致家庭在金融资产配置上偏离最优策略。例如，家庭可能因为过度自信而过度投资于某一资产类别，或者因为损失厌恶而过度回避风险资产，导致资产配置失衡。

第二，情绪波动影响投资决策：行为金融理论强调了情绪对投资决策的影响。家庭在面临市场波动时，可能会受到情绪的影响而做出冲动的投资决策，例如在市场繁荣时过度乐观，或在市场低迷时过度悲观，导致买入高估值资产或抛售低估值资产，从而影响了资产配置的长期表现。

第三，跟随群体行为导致投资集中：行为金融理论指出，投资者往往倾向于跟随群体行为，而不是独立思考。这可能导致家庭过度集中投资于某些热门资产，如在某一时间段上涨时追涨，或在某一行业受到炒作时盲目跟风，导致资产配置不够分散，增加了投资风险。

第四，信息不对称影响投资决策：行为金融理论指出，市场参与者的信息不对称可能导致投资者做出不理性的决策。另外家庭可能由于缺乏足够的信息或受到误导性信息的影响而做出错误的投资决策，导致资产配置的不合理性。

第五，投资者心态影响长期表现：行为金融理论认为，投资者的心态和情绪波动对长期投资表现有重要影响。家庭在面对市场波动时的恐慌或贪婪可能导致频繁的交易和短视的投资决策，影响了资产配置的长期表现。

基于以上几点，本章在设置解释变量和控制变量时依据行为金融理论，通过选取家庭户主性别、年龄、教育背景、健康水平等家庭内部因素，以及城乡环境、数字普惠金融发展水平等外部因素作为控制变量，希望能从多个角度解释居民个人以及家庭的投资行为和决策，深入且全面分析家庭金融资产配置的影响因素。

二、研究假设

罗煜和曾恋云（2021）研究发现，数字能力和金融能力有显著的交互效应，两者的交互特征能帮助低收入家庭走出贫困的阴影，数字金融能力通过改善家庭收入、增加家庭财富积累、缓解流动性约束等渠道来避免家庭在未来陷入贫困。彭澎和徐志刚（2021）在针对农户的调查中发现数字普惠金融能够通过改善资金短缺、获取有效信息的方式来减少相对贫困发生概率。周雨晴和何广文（2020）选择农户家庭为样本进行实证研究显示，数字金融的发展可以促进农户家庭参与金融投资活动，增持风险金融资产，而且这种影响还可以被金融知识和智能化素养所加强。互联网作为数字技术的载体，数字能力不仅是熟练掌握互联网等工具的技能，更是获取金融服务的重要基础，对家庭参与金融资产投资有着不可忽视的影响，而金融能力为投资者运用投资工具提供了方法论，为家庭金融投资提供了知识支持。如今数字技术飞速发展，数字金融能力已成为数字时代的一种人力资本，数字金融能力较强的家庭在金融资产配置过程中可能有着更全面、更准确的投资信息和更合理的知识技能应用，可以更便利高效地享受数字金融所带来的普惠服务与投资便利。基于以上分析，本章提出以下假说：

假说 H1：数字金融能力能够正向影响家庭金融资产配置。

金融素养涵盖多个方面的内容，包括个体对金融信息的理解、理财规划以及金融市场参与等，它与家庭风险金融资产配置密切相关。Alhenawi 和 Elkhal（2014）发现居民的金融素养越高，他们对金融市场和产品的理解越深入，个体理财规划更加明晰和科学，从而为未来投资消费奠定基础，优化家庭的金融决策。同样地，尹志超等（2014）研究表明，提升金融知识能促进家庭参与风险金融市场，并调整家庭风险资产的占比，通过参与投资活动积累的经验也会增加家庭财富性收入，优化家庭的资产结构。杨云帆和吴玥玥（2022）基于性别差异的视角研究发现，户主的金融知识水平对家庭人均资产的影响显著为正，更值得关注的是：户主性别差异扩大了金融知识对家庭资产规模的差异，即男性户主金融知识水平提高会增加家庭人均资产，而女性户主金融知识水平下降会减少家庭人均资产。这提醒我们不仅要聚焦于提升居民金融素养对家庭资产的正向影响，还应该关注到缺乏金融知识对家庭资产带来的负向影响。

王小华等（2022）研究指出，相较于传统金融高专业性和高信息门槛的特点，数字金融凭借互联网的高效率和低门槛特性逐渐兴起。特别是数字技术极大地降低了金融信息收集、获取、评估和分析的门槛，帮助人们更好地认识、创造和管理财富，为数字时代的家庭金融素养提升和财富积累提供新动能。王小华等（2023）从数字接入、数字使用和数字创造三个维度构建并测度了数字能力指数，实证检验了数字能力对家庭风险金融资产配置的影响，并发现金融素养在其中起中介效应。一方面，数字技术的应用使家庭更便捷地获取金融信息，家庭成员可以随时随地通过浏览手机 App 或浏览器，轻松获得所需信息，例如市场动态、投资产品详情以及国内外金融新闻等，这些信息所内含的金融知识和金融理念也有助于提升家庭成员金融素养，进而越发刺激家庭参与到金融市场中去。另一方面，基于已获得的信息，家庭可以借助数字工具对数据进行挖掘和分析，例如搜索国内外公开的数据库，以获取更全面、准确的信息，帮助家庭更好地评估投资风险，并做出更明智的投资决策。综上所述，随着居民数字金融能力和金融素养的同步提升，传统金融服务的边缘家庭将有机会更深入地了解风险金融市场，并进行有效的金融投资，以满足自身的金融服务需求。基于以上分析，本章提出以下假说：

假说 H2：数字金融能力通过提高金融素养影响家庭金融资产配置。

在已有关于风险偏好对家庭金融的研究中，王渊等（2016）研究发现那些投资倾向是风险偏好类型的家庭不仅愿意配置多样化的风险性金融产品，而且在其资产配置中，风险资产的比重明显大于风险厌恶型的家庭。卢亚娟和殷君瑶（2021）从整体和城乡两个角度切入，发现户主的风险偏好促进了家庭参与风险金融市场，且集中在增加对股票的投资，异质性分析发现风险偏好对风险金融投资的影响对于城镇家庭更大。胡振和臧日宏（2016）的研究表明，风险厌恶对家庭资产分散度起抑制作用，且显著降低了家庭参与正规金融市场的概率。周弘（2015）通过将家庭按风险偏好分组进行研究发现，金融教育对不同类型家庭的股票市场参与度的影响差异显著，风险偏好和风险中性的家庭更关注股票市场的风险带来的风险溢价，在风险投资活动上更积极；而风险厌恶家庭由于担心股市风险带来的潜在损失，在投资活动上更为保守，不愿意投资风险金融产品。

范猛（2023）根据期望效用理论实证检验了数字金融对家庭风险态度的影响，采用绝对风险厌恶系数和相对风险厌恶系数来度量家庭风险态度。研究结果表明：数字金融可以显著地降低两种系数，使家庭更偏好风险。且通过路径分析发现，数字金融影响家庭风险态度是通过背景风险路径，而非财富路径。赵青（2018）研究了金融知识对借贷行为影响，发现风险态度在其中起间接中介效应。研究结果表明，主客观金融知识均与风险态度显著正相关，风险态度水平与家庭借贷规模也成正比，说明随着投资者金融知识储备的提高，对风险的把控能力也在提升，其对借贷可能亏损的心理承受力会增强，即提升风险偏好，进而扩大家庭借贷规模。因此，改变家庭风险态度、提高风险承受能力可能是数字金融能力正向促进家庭金融资产配置的重要渠道。基于以上分析，本章提出以下假说：

假说 H3：数字金融能力通过影响风险偏好进而影响家庭金融资产配置。

关于家庭收入与家庭金融资产配置的研究中，李庆海等（2018）发现提升金融知识水平有助于增加城镇居民家庭财产性收入，王正位等（2016）研究指出具有充分金融知识的居民家庭更容易抓住新的投资机遇，从而获得更高的收入。而相较于金融知识与金融素养，数字金融能力还强调具有运用金融知识与数字技术，使用数字金融产品和服务以满足自身经济利益的能力，可以对家庭增收提供更有效的裨益。杨伟明等（2020）研究发现，数字金融能够显著提升我国居民人均收入水平，经济增长和家庭创业行为在其中起到部分中介效应，且对城镇居民的收入提升更为明显。数字金融能力可以使家庭获得数字金融的助力，拓展就业机会与收入来源，利用电商平台、移动支付等进行创业增收。家庭可以将数字金融能力进行转化，促进家庭劳动产出效率的持续增长，并且可以通过增加家庭可支配收入的刺激家庭加强金融资产配置。基于以上分析，本章提出以下假说：

假说 H4：数字金融能力通过影响家庭收入水平而影响家庭金融资产配置。

通过提出以上 4 个假说，明确了本章在后续内容中的研究方向以及研究重点。本章将详细阐述数字金融能力在家庭金融资产配置中起到的作用，验证前文提出的假说 H1，并根据影响机制分析结果来验证前文提出的假说 H2、假说 H3 和假说 H4。

第三节　实证分析

一、数据来源与变量选取

（一）数据来源

本章使用的调查数据来自于西南财经大学在 2017 年、2019 年在全国范围内开展的中国家庭金融调查（CHFS）。2017 年、2019 年两年的样本规模分别为 40011 户、34643 户。数据采集了家庭人口统计特征、资产与负债、收入与消费、家庭金融资产基本状况等各方面的微观信息，具有良好的数据支撑。本章在数据整理过程中，分别剔除相关变量缺失、户主年龄小于18 岁的样本，同时剔除家庭总资产为小于等于 0 的明显异常的样本，最终获得有效家庭样本 11701 户，两年观测值为 23402 个。其中城镇样本观测值14242 个，乡村样本观测值 9160 个。为了增强研究内容的严谨性，减少研究结果的偏误，本章将样本家庭中的户主作为研究主体，这样可以保证其作为家庭的主事者或者在家庭金融资产配置中具有话语权和决策权，通过研究户主的数字金融能力对家庭金融资产配置的影响，能够更好地解释数字金融对家庭资产结构的影响。

为使数字金融能力这一指标更具有严谨性，本章引入了数字普惠金融指数作为控制变量，将各省份级别的数字普惠金融指数分别与 2017 年、2019 年 CHFS 中的受访家庭所在省份进行一一对应。

（二）变量选取

1. 核心解释变量

数字金融能力是本书的核心解释变量，其区别于宏观数字金融和传统金融，强调个体或者家庭通过利用数字金融产品或者服务有效地管理金融事务和资产，来实现自身经济利益的能力。数字金融能力是一个综合性的概念，涵盖了对数字化金融工具的熟练运用、对数字金融安全的保护意识、对金融规划和理财的能力、对数字金融知识的掌握以及对数字金融创新的关注和应用能力。为合理测度家庭的数字金融能力，参考司传宁等（2022）、王小华等（2022）的测量方法，本书结合数字金融能力的内涵，从数字工具接入、数字技术使用、客观金融素养、主观金融素养四个角度选取相关问题来构建家庭数字金融能力指数。

关于为何选取以上四个角度来构建反映居民数字金融能力的指标，本书以为：第一，数字工具接入是居民接触互联网的前提条件，也是进行数字金融活动必不可少的物质载体，所以将其纳入数字金融能力指标中；第二，数字技术使用能反映居民家庭是否利用数字工具或服务来为自身管理金融资产或为家庭增加财富性收入，与居民的数字技能和金融素养密切相关，故而作为反映居民数字金融能力的重要指标；第三，客观金融素养作为衡量居民基础金融知识掌握情况的依据，能客观中肯地反映居民的金融知识水平，所以也被考虑在数字金融能力指标之中；第四，主观金融素养是考察居民针对金融相关问题的主观回答，能很好地反映居民较高层次的金融能力，与客观金融素养共同体现出居民的整体金融素养水平，因此是数字金融能力指标中的重要一部分。本书从 2017 年、2019 年 CHFS 数据库中选取 7 个变量从微观的角度来衡量居民的数字金融能力，变量取值标准如表 5-1 所示。

表 5-1 数字金融能力指标体系构建

维度	测度问题	赋值标准	熵值法权重
数字接入	您家目前是否有电脑？	是 =1；否 =0	0.1925
	您目前是否使用智能手机？	是 =1；否 =0	0.0772
数字使用	您家是否开通支付宝、微信支付、京东网银钱包、百度钱包等第三方支付账户？（2017 年数据未有该问题，使用"受访户是否网购"这一问题来代替）	是 =1；否 =0	0.1548
	目前您家是否通过网络借贷平台借入或借出资金，例如 P2P？	是 =1；否 =0	0.0014
客观金融素养	假设银行的年利率是 4%，如果把 100 元钱存 1 年定期，1 年后获得的本金和利息为？	答对 =2；答错 =1；不知道或算不出 =0	0.2004
	假设银行的年利率是 5%，通货膨胀率每年是 8%，把 100 元钱存银行一年之后能够买到的东西将？	答对 =2；答错 =1；不知道或算不出 =0	0.1840
主观金融素养	您平时对经济、金融方面的信息关注程度如何？	非常关注、很关注 =2；一般、很少关注 =1；从不关注 =0	0.1897

熵值法是一种多属性决策分析方法，旨在帮助决策者在面对多个具有不同属性的指标时进行决策。该方法基于信息论中的熵概念，通过计算每个指标的信息熵来评估其信息量和效用，从而确定指标的不同权重，因此

本章采用熵值法来计算家庭的数字金融能力指数，具体的计算步骤如下：

第一步，对 7 个构成变量数据进行标准化处理，为避免在标准化后可能有零值出现，对标准化后的数据进行平移处理：

$$x'_{ij} = x_{ij} + 10^{-3} \tag{5-1}$$

第二步，计算第 j 个指标中的第 i 个评价对象占该指标的比例，其中 n 为样本数，m 为指标的个数：

$$p_{ij} = x'_{ij} / \sum_{i=1}^{n} x'_{ij} (i = 1, 2\cdots, n; j = 1, 2\cdots m) \tag{5-2}$$

第三步，计算第 j 项指标的熵值：

$$e_j = -1/\ln(n) \sum_{i=1}^{n} p_{ij} \ln(p_{ij}) \tag{5-3}$$

第四步，计算第 j 项的差异系数：

$$g_i = 1 - e_j \tag{5-4}$$

第五步，对差异化系数归一化，计算第 j 项的权重：

$$w_j = \frac{g_j}{\sum_{i=1}^{m} g_i} \tag{5-5}$$

第六步，计算数字金融能力（Score）得分，并为解释方便将指标进行线性变换：

$$Score_i = \sum_{i=1}^{m} w_i x_{ij} \tag{5-6}$$

2. 被解释变量

本章的被解释变量为家庭金融资产配置。参照尹志超等（2014）的研究，将家庭金融资产分为无风险金融资产和风险金融资产两类，前者主要包括现金、银行存款（含活期、定期存款）、社保账户（含养老金账户、企业年金账户、医疗保险账户、公积金账户）等，后者包括股票、基金、金融理财产品、互联网理财产品、外汇等。本章从两个方面对家庭金融资产配置进行测度。一是是否持有金融资产，若家庭持有一种或多种金融资产，则变量取值为 1，反之为 0；二是金融资产配置比例，以两种金融资产占家庭总金融资产的比重来衡量。据此，得出本章考察的被解释变量"无风险金融市场参与""风险金融市场参与""无风险金融资产占比"和"风险金融资产占比"。

3. 控制变量

因为本章是从微观个体的角度来分析居民个人的数字金融能力对家庭金融资产配置的影响，故而采用数字普惠金融指数作为控制变量，从宏观角度来衡量一个地区的数字金融发展水平以及金融科技发展水平。同时为了方便估计结果的汇报，将数字普惠金融指数取对数。

参照 Cardak 和 Wilkins（2009）、尹志超等（2019）的做法，本章选取了户主个人及家庭层面特征、社会层面特征等作为控制变量。户主个体特征变量包括户主的年龄及其平方、性别、受教育程度、婚姻状况。社会特征包括城乡以及前文所提到的数字普惠金融指数。主要变量说明如表 5-2 所示。

表 5-2 变量说明

变量类型	变量名称	变量描述
被解释变量	风险金融市场参与	家庭持有风险金融资产记为 1，反之记为 0
	风险金融资产占比	家庭风险金融资产占全部金融资产的比重
	无风险金融市场参与	家庭持有无风险金融资产记为 1，反之记为 0
	无风险金融资产占比	家庭风险无金融资产占全部金融资产的比重
解释变量	数字金融能力	熵值法构造数字金融能力
控制变量	性别	男性=1；女性=2
	年龄	调查年份与户主出生年份之差
	年龄平方	年龄的平方/100
	受教育程度	从未上过学=1；小学=2；初中=3；高中=4；中专/职高=5；高职/大专=6；大学本科=7；硕士研究生=8；博士研究生=9
	婚姻状况	已婚=1；未婚/离婚/同居/分居/丧偶=0
	健康状况	非常好=1；好=2；一般=3；不好=4；非常不好=5
	城乡	农村=1；城镇=0
	数字普惠金融指数	原数字金融普惠指数取对数

4. 中介变量：金融素养、风险偏好、家庭收入水平

本部分主要解释本章选取的三个中介变量：金融素养、风险偏好和家庭收入水平。关于后两个中介变量的选取情况，可见后续的影响机制分析部分的阐述。本部分主要介绍金融素养的构建依据。

关于如何构建衡量金融素养的指标，本章在统计衡量受访者金融素养的有关问题时，采用因子分析法，所采用的因子及其赋值标准如表5-3所示。本章将所选择的问题主要分为两类：客观金融素养和主观金融素养，其中客观金融素养又分为基础金融素养和高级金融素养两部分。在制定赋分标准时，本章考虑到基础金融素养部分的问题比较简单，能够很直观地反映出受访家庭的基础金融知识掌握程度，故而只在回答正确时赋值为1，在回答错误或回答不出来时赋值为0；在高级金融素养方面，由于选择的问题难度相对较高，为了能够明显区分出受访家庭的金融素养水平差异，本章在赋分时扩大了回答选项之间的分差，将回答正确赋值为2，回答错误赋值为0.5，回答不知道时赋值为0；在主观金融素养方面，由于问题本身是为了衡量受访家庭的主观态度，本章根据回答选项设置了多个分值，通过不同的分值来反映受访家庭的主观金融素养水平。

表5-3 因子分析问题及赋值标准

客观金融素养	回答赋分		
A. 基础金融素养	正确	错误	不知道
1. 利率计算：给出银行利息率，请算出第二年的本利和是多少？	1分	0分	0分
2. 通货膨胀计算：给出银行利率和通货膨胀率，说出存款的购买率是降低还是升高还是不变？	1分	0分	0分
3. 风险认识：是否同意风险与收益并存的观点？	1分	0分	0分
4. 风险分散：相同的一笔钱，投资5种资产的风险和投资10种资产的风险哪个大？	1分	0分	0分

续表

客观金融素养	回答赋分				
B. 高级金融素养	正确		错误		不知道
1. 股票、基金的风险比较	2分		0.5分		0分
2. 主板股、创业板股的风险比较	2分		0.5分		0分
3. 偏股型基金、偏债型基金风险比较	2分		0.5分		0分
主观金融素养	(1)	(2)	(3)	(4)	(5)
您觉得自己对于股票、债券、基金的综合认知能力如何？选项（1）~（5）认知能力递减	3.5分	2.5分	1.5分	0.5分	0分
您平时对经济、金融方面的信息关注程度如何？	3.5分	2.5分	1.5分	0.5分	0分

如果您想投资一个项目，您最倾向于哪种风险类型？ 选项（1）~（6）风险程度递减	(1)	(2)	(3)	(4)	(5)	(6)
	5分	3.5分	2.5分	1.5分	0.5分	0分

（三）变量描述性统计

表5-4反映了对各变量的描述性统计。从被解释变量来看，样本家庭参与风险市场的均值为0.302，大于参与无风险金融市场的均值为0.172，说明样本家庭对风险市场的参与程度更高，而在金融资产占比方面，风险金融资产占比的均值仅为0.033，与无风险金融资产占比的均值0.336相差较大，在很大程度上反映了我国家庭资产配置的不足，对风险金融资产存在"有限参与"现象。从解释变量来看，样本家庭的数字金融能力均值为0.230，说明我国居民总体上的数字金融能力偏低，对数字技术的掌握不熟练和对金融知识的储备存在漏洞造成我国居民对于金融投资活动缺乏积极性，对风险资产大多持厌恶态度，同时也印证了为何在风险金融资产占家庭金融资产的比重过低。从控制变量来看，数字普惠金融指数的最值差异不大，证明我国在数字普惠金融事业发展上的成果显著，各省份之间的数字普惠金融发展较为均衡，偏远地区的数字金融发展没有被发达地区甩开太大距离，但数字普惠金融指数的均值偏低，表明我国的数字普惠金融事

业仍需努力发展偏远地区的数字金融服务,提升弱势群体的数字金融能力。样本家庭中户主以男性居多,且户主年龄均值为 57.29,受教育程度均值为 3.221,属于初中学历水平,86.3%的家庭婚姻状况为已婚,身体健康状态均值为 2.728,处于好与一般之间。

表 5-4 描述性统计

变量名	样本量	均值	标准差	最小值	最大值
无风险金融市场参与	23402	0.172	0.378	0.000	1.000
风险金融市场参与	23402	0.302	0.459	0.000	1.000
无风险金融资产占比	23402	0.336	0.354	0.000	1.000
风险金融资产占比	23402	0.033	0.135	0.000	6.982
数字金融能力	23402	0.230	0.223	0.000	1.000
数字普惠金融指数	23402	5.706	0.127	5.481	6.017
性别	23402	0.778	0.416	0.000	1.000
年龄	23402	57.29	13.18	18.000	98.000
年龄的平方	23402	34.56	15.14	3.240	96.040
婚姻状况	23402	0.863	0.343	0.000	1.000
受教育程度	23402	3.221	1.511	1.000	9.000
城乡	23402	0.391	0.488	0.000	1.000
健康状况	23402	2.728	1.006	1.000	5.000

二、模型设定

(一) 基准回归模型

1. Probit 模型

首先,在分析数字金融能力对家庭金融市场参与影响的过程中,考虑到被解释变量中的"无风险金融市场参与"(由家庭是否持有无风险金融资产界定)、"风险金融市场参与"(由家庭是否持有风险金融资产界定)均是虚拟变量,所以构造 Probit 模型来对家庭是否持有金融资产展开实证研究,具体公式如下:

$$P（Y_{it}=1）=\phi（\alpha \cdot Score_{it}+\beta X_{it}+Year_i+Family_t+\mu_{it}）\qquad(5-7)$$

其中，i和t表示家庭个体和时间；Y_{it}表示反映家庭金融市场参与的虚拟变量，如果受访家庭参与了金融资产投资则取值为1，反之取值为0，具体又分为无风险金融资产参与和风险金融资产参与；$Score_{it}$表示本章所聚焦的核心解释变量——数字金融能力；X_{it}表示的是一组控制变量包括个人特征、家庭特征以及地区特征变量；$Family_t$表示家庭固定效应；$Year_i$表示时间固定效应；μ_{it}表示随机扰动项。

2. Tobit 模型

当被解释变量为家庭金融资产占比时，考虑到许多家庭并未投资风险金融资产，风险金融资产占比为零，即相当于数据被截取，因此本章使用变量受限模型 Tobit 模型进行分析，模型如下：

$$Y_{it}^{*}=\beta_0+\beta_1 Score_{it}+\beta_2 X_{it}+Year_i+Family_t+\mu_{it}\qquad(5-8)$$

$$Y_{it}=\max（0,\ Y_{it}^{*}）\qquad(5-9)$$

其中，Y_{it}表示家庭持有的两种金融资产占比；$Score_{it}$是前面定义的核心解释变量——数字金融能力；Y_{it}^{*}表示潜变量；X_{it}表示一系列控制变量，包括个人特征、家庭特征以及地区特征变量；$Family_t$表示家庭固定效应；$Year_i$表示时间固定效应；μ_{it}表示随机扰动项。

（二）中介效应模型

本章使用中介效应模型对数字金融水平是否通过金融素养、家庭收入水平、风险态度来影响家庭风险金融资产配置进行机制分析，借鉴温忠麟和叶宝娟（2014）的做法，构建以下模型，并利用逐步回归法对数字金融能力是否通过影响居民的金融素养从而影响家庭金融资产配置进行中介效应检验。模型如下：

$$Y_{it}=\alpha_0+\alpha_1 Score_{it}+\alpha_2 X_{it}+Year_i+Family_i+\mu_{it}\qquad(5-10)$$

$$MV_{it}=\delta_0+\delta_1 Score_{it}+\delta_2 X_{it}+Year_i+Family_i+\mu_{it}\qquad(5-11)$$

$$Y_{it}=\beta_0+\beta_1 Score_{it}+\beta_2 MV_{it}+\beta_3 X_{it}+Year_i+Family_t+\mu_{it}\qquad(5-12)$$

其中，Y_{it}表示家庭金融资产配置情况，包括无风险金融市场参与、风险金融市场参与、无风险金融资产占比以及风险金融资产占比四个被解释变量；$Score_{it}$ 表示解释变量数字金融能力；MV_{it} 表示中介变量，包括金融素养、家庭收入水平和风险态度；X_{it} 表示控制变量；$Family_t$ 表示家庭固定效应；$Year_i$ 表示时间固定效应；μ 表示随机扰动项。

逐步检验回归系数的方法主要可以分三步：第一步，对模型（5-10）进行检验，α_1 表示总效应，如果 α_1 显著，则说明数字金融能力能够显著对家庭金融资产配置产生影响，且可以通过逐步检验回归法来检验中介效应；第二步，检验模型（5-11）的系数 δ_1，若该系数显著为正，则数字金融能力对中介变量具有显著正向作用；第三步，检验模型（5-12），β_1 表示数字金融水平对家庭风险金融资产配置的直接影响，$\delta_1 \times \beta_2$ 表示间接影响。系数 α_1、δ_1、β_2 同时显著则中介效应显著，在此情况下，如果系数 β_1 不显著，那么称为完全中介，β_1 显著则是部分中介。

三、实证结果分析

（一）基准回归

从家庭是否持有两种金融资产的情况来进行分析，数字金融能力对家庭金融市场参与的影响的 Probit 模型回归结果如表 5-5 所示。考虑到在非线性模型中解释变量的估计系数不具备明确含义，而边际效应可以表示各解释变量对 $P（Y_{it}=1）$ 的边际影响，故而本章计算解释变量和各控制变量的平均边际效应汇总成表格进行分析，后续内容的所有回归表格中的系数均代表平均边际效应。由表 5-5 可知，数字金融能力显著提高了家庭持有无风险金融资产和风险金融资产的概率。换句话说，数字金融能力越强，居民家庭越有可能参与到金融资产配置之中，且无风险金融资产和风险金融资产参与的系数都在 1% 的水平上显著，边际效应分别为 0.096、0.381。这说明随着数字金融的不断发展和普及，居民家庭拥有更强的数字金融能力，他们更有可能通过数字金融工具参与到金融资产配置中。数字金融的发展为居民提供了更便捷、灵活的理财渠道，使更多的人可以了解和参与到金融市场中。具备数字金融能力的居民可以通过互联网银行、第三方支付平台、数字货币等金融工具进行资产管理和投资，从而实现财务增值和风险管理。因此，数字金融的普及不仅提高了居民的金融参与度，也为他们提供了更多的金融选择和投资机会。假说 H1 部分得以验证。

表5-5　数字金融能力对家庭金融市场参与的影响

变量名	（1）	（2）
	无风险金融市场参与	风险金融市场参与
数字金融能力	0.096***	0.381***
	(7.49)	(31.48)
数字普惠金融指数	0.141***	0.853***
	(6.27)	(38.94)
性别	−0.002	−0.020**
	(−0.31)	(−3.12)
年龄	0.003*	0.006***
	(2.41)	(4.57)
年龄的平方	0.000	−0.011***
	(0.43)	(−9.27)
婚姻状况	0.036***	0.030***
	(4.57)	(3.67)
受教育程度	0.026***	0.039***
	(14.69)	(21.22)
城乡	−0.052***	−0.081***
	(−9.27)	(−14.42)
健康状况	−0.028***	−0.014***
	(−11.03)	(−5.21)
家庭与时间固定效应	已控制	已控制
样本量	23402	23402
R^2	0.0623	0.2827

注：***、**和*分别表示在1%、5%和10%的水平上显著；括号内为平均边际效应标准误。本章下同。

在控制变量方面的个人及家庭层面特征中，第一，性别对家庭的风险金融市场参与的影响在5%的水平上显著，边际效应为0.020，这说明，相比男性户主而言，女性户主对于家庭参与风险金融市场的重视程度更高，持有风险金融资产的意愿程度也更强烈。第二，婚姻对家庭无风险金融市场参与以及风险金融市场参与的影响都在1%的水平上显著，边际效应分别为0.036和0.030，说明幸福美满的婚姻状况对家庭成员是否参与金融市场起到正向的促进作用。已婚夫妇通常会共同承担家庭的经济责任，因此他们可能更倾向于参与金融市场，以实现财务目标和为家庭提供更好的经济保障。婚姻状态也可能意味着更多的家庭负担，例如子女教育、医疗保健等方面的支出，这可能会影响他们的金融投资决策。另外，未婚人士可能更多关注个人的经济状况，他们可能更倾向于将资金用于个人消费或其他短期目标，而不是长期的金融投资。第三，户主的受教育年限的系数在两种金融市场的参与中在1%的水平上都显著为正，边际效应分别为0.026、0.037，这是因为具有较高教育程度的个人通常更加了解金融市场和投资工具，因此他们可能更倾向于积极参与金融市场，包括股票、债券、基金等金融产品的投资。他们可能更愿意接受并理解投资风险，以期望获得更高的投资回报。此外，受过良好教育的个人可能更容易接触到金融知识和投资信息，从而更有可能制定合理的投资策略，以实现财务目标。他们也更可能了解到金融规划的重要性，包括退休储蓄、子女教育基金等，因此更愿意参与金融市场以实现这些目标。相反，教育程度较低的个人可能对金融市场了解较少，对投资工具和金融产品的理解程度也可能较低，因此可能更不愿意参与金融市场。他们可能更倾向于将资金用于日常消费或者传统的存款等低风险的金融产品。第四，在家庭成员健康程度方面。家庭成员的身体健康状况对家庭无风险金融市场参与以及风险金融市场参与的影响都在1%的水平上显著，影响系数分别为-0.028、-0.014，这说明随着家庭成员身体健康状况的恶化，家庭持有无风险金融资产以及风险金融资产的规模程度也随之减少，可能的解释是随着家庭成员的健康水平下降，家庭在医疗方面的开支也会随之增加，家庭其他成员也会抽出时间和精力来照顾身体不好的家庭成员，这可能会影响家庭的金融规划和投资决策。家庭成员可能更倾向于将资金用于医疗保健和日常开支，而不是进行长期的金融投资。此外，家庭成员的健康状况也可能影响家庭的收入稳定性，从而影响家庭对金融市场的参与意愿。当家庭成员的身体健康状况良好时，他们通常更有精力和能力参与金融市场。健康的家庭成员更可能有稳定的收入来源，更有可能有能力进行长期的金融规划和投资，以实现财务目标，如子女教育、退休储蓄等。

在社会层面特征中，城乡区域代表了家庭所处的环境的经济水平和发展程度，从表5-5可以看到，城乡对家庭无风险金融市场参与以及风险金融市场参与的影响都在1%的水平上显著，边际效应分别为-0.052、-0.081，说明与城镇家庭相比，我国农村家庭的金融资产持有程度较低，原因可能是农村地区通常相对城镇地区缺乏金融服务和金融教育资源，导致农村居民金融知识不足，难以接触和使用金融工具。在城市环境中，人们通常更容易接触到金融信息和金融产品，有更多的金融服务机构和投资机会可供选择。城市中的居民通常有更高的金融素养和金融意识，更倾向于参与金融市场，例如购买股票、基金、债券等投资产品。相比之下，农村地区的居民可能面临着金融服务的不足和信息不对称的问题，缺乏金融知识和投资机会。由于农村地区的经济条件和金融资源相对匮乏，居民可能更倾向于将资金用于日常生活和农业生产，而不是金融市场的投资。

通过回归结果还发现，数字普惠金融指数对家庭的无风险金融市场参与和风险金融市场参与的影响都在1%的水平上显著为正。数字普惠金融指数是衡量数字普惠金融发展水平的指标，它反映了一个国家或地区金融服务的普及程度和效率。在表5-5中，无风险金融市场参与的边际效应为0.141，风险金融市场参与的边际效应为0.853，这说明与居民的无风险金融市场参与度相比，地区的数字普惠金融发展水平与当地居民的风险金融市场参与意愿相关度更高。具体可从以下几个角度来解释：

第一，降低金融活动门槛。数字普惠金融指数的提升意味着金融服务的普及程度和便利性的提高。随着数字化技术的普及，越来越多的家庭能够通过手机、电脑等终端方便地获取金融服务，这大大降低了金融服务的门槛。家庭可以更轻松地开立储蓄账户、购买保险、进行投资等操作，从而增加他们持有无风险金融资产的意愿和能力。

第二，提供更多选择。数字普惠金融指数的提升带来了更多样化的金融产品和服务。随着金融科技的发展，智能投资工具、在线理财平台等新型金融产品不断涌现，为家庭提供了更多选择，帮助他们更好地管理和增值资产。例如，智能投资工具可以根据家庭的风险偏好和财务目标提供个性化的投资建议，引导他们合理配置资产，增加风险金融资产的比重。

第三，金融知识普及度提高。数字普惠金融指数的提升也推动了金融教育和投资知识的普及。随着金融服务的数字化，家庭更容易接触到金融教育资源，了解投资理念和技巧。智能投资建议、在线投资课程等平台为家庭提供了学习和交流的机会，帮助他们提升金融素养，更好地理解和利用风险金融资产，如股票、基金等投资工具，使投资决策更加透明，从而加强了居民家庭风险金融市场参与的意愿。

第四，金融市场可持续发展。从以上三点可知，数字普惠金融指数的提升能从降低金融活动门槛、提供更多金融服务选择、推动金融知识普及等角度来促进金融市场的健康发展。随着更多家庭参与金融市场，市场的流动性和活跃度得到增强，金融市场的稳定性和可预测性也得到提高。这为家庭持有风险金融资产提供了更好的环境和机会，使他们更愿意参与到股票、基金等风险金融资产的投资中，进而形成良性循环，金融市场可持续健康发展。这也很好地解释了为什么数字普惠金融指数对居民风险金融市场参与的相关度更高。

利用 Tobit 截断模型进行基准回归，表 5-6 报告了数字金融能力对家庭金融资产配置比例影响的实证结果。其中数字金融能力对家庭两种金融资产的配置比例都在 1% 的水平上显著为正，边际效应分别为 0.100、0.389，这意味着随着居民数字金融能力的提高，居民对于两种金融资产的持有比例都在上升。这种结果可以从以下三个角度进行分析：第一，数字金融能力的提高意味着家庭更加了解和熟悉金融产品和投资方式，他们能够通过在线交易平台、投资 App 等工具，随时随地监控资产状况，并及时调整投资组合以应对市场变化，进而更好地规划自己的金融资产配置。这使得他们更有可能在无风险金融资产方面进行更多的配置，以确保资产的安全和稳定性，同时也能够更加理性地进行风险资产的配置。第二，数字金融能力的提高意味着家庭更有能力进行风险管理，他们能够更好地理解和评估风险，以及选择适合自己风险偏好的金融资产。因此，数字金融能力的提高会使家庭更加愿意配置风险金融资产，以追求更高的回报。第三，数字金融能力的提高使家庭更加了解不同的金融工具和市场，他们能够更好地把握投资机会进行风险管理和资产分散，降低整体投资风险，提高收益水平。因此，数字金融能力的提高会使家庭更有可能进行更多元化的资产配置，包括无风险和风险金融资产。

表5-6 数字金融能力对家庭金融资产配置比例的影响

变量名	(1)	(2)
	无风险金融资产占比	风险金融资产占比
数字金融能力	0.100***	0.387***
	(5.43)	(13.70)
数字普惠金融指数	0.011	0.553***
	(0.36)	(10.87)
性别	0.026**	-0.050***
	(3.03)	(-3.67)
年龄	-0.009***	0.005
	(-4.79)	(1.71)
年龄的平方	0.010***	-0.004
	(6.63)	(-1.69)
婚姻状况	0.025*	0.076***
	(2.42)	(4.05)
受教育程度	0.031***	0.109***
	(12.21)	(26.79)
城乡	-0.069***	-0.302***
	(-9.28)	(-18.26)

变量名	(1)	(2)
	无风险金融资产占比	风险金融资产占比
健康状况	−0.042 ***	−0.051 ***
	(−12.45)	(−8.01)
家庭与时间固定效应	已控制	已控制
样本量	23402	23402
R^2	0.0268	0.2332

在控制变量中，从个人以及家庭层面来看，第一，性别对家庭两种金融资产的配置比例都在1%的水平上显著，从表5-6中（2）列可以看出，男性户主对于家庭的风险金融资产占比呈负相关，即男性户主更排斥提高风险金融资产在家庭持有金融资产中的配置比例。对于这一现象，周业安等（2013）研究发现女性的风险偏好比例高于男性，对高风险的包容性更高，所以表现出了更愿增持风险金融资产比例的特征，在金融资产的投资选择中越倾向于把更多的投资资金分配到股票、基金、理财产品等具有高风险高收益性质的金融资产上。第二，通过引入年龄平方变量发现，家庭对于无风险金融资产的投资比例和户主的年龄呈现倒"U"型的关系，即在青年时较少进行金融资产配置，随着年龄的增长会更多地参与减少无风险金融资产的持有，相对应地增加风险金融资产的投资，当人至暮年时又会减少风险金融资产的配置，转而增加无风险金融资产的占比，这与家庭生命周期理论相符合。第三，受教育程度、婚姻状况以及家庭成员的健康状况对两种金融资产占比的影响都与表5-5的回归结果相似，说明这些因素也对家庭金融资产的配置比例产生深刻影响。

从社会层面特征来看，乡村受访家庭在表5-6中（1）列、（2）列的边际效应在1%的水平上显著为负且两者相差较大，说明乡村家庭与城镇家庭相比，两者在无风险金融资产占比上的差异小于在风险金融资产占比的差异，换句话说，乡村与城镇家庭的主要金融资产配置比例不同集中在对风险金融资产的持有比例不同。这其中的原因与表5-5中城乡的差异原因相似，在此就不再赘述。另外，数字普惠金融指数的边际效应只在（2）列显著为正，说明数字普惠金融指数与风险金融资产占比高度相关，也印证了表5-5中数字普惠金融指数对居民风险金融市场参与的相关度更高这一结论。

通过数字金融能力对家庭金融市场参与和金融资产投资占比的回归结果分析可以得出，数字金融能力对家庭金融资产配置有显著的正向影响，与假说 H1 预期相一致，假说 H1 完全得以验证。

（二）内生性检验

因为考虑到部分样本家庭从未接触过数字服务，但仍参与金融市场的现象，可能导致前文的基准回归结果存在样本选择偏误，故而本部分采用 Heckman 两阶段法来解决样本选择带来的内生性问题。

第一步，选择方程，使用 Probit 模型进行回归，用以估计存在选择偏差变量发生的可能性，并根据估计结果计算逆米尔斯比率，具体模型如下：

$$Z_{it}=\begin{cases} 1, & \text{如果 } z_{it}^{*}>0 \\ 0, & \text{如果 } z_{it}^{*}\leq0 \end{cases} \tag{5-13}$$

$$z_{it}^{*}=\gamma_0+X'_{it}\gamma_1+\gamma_2 web_{it}+Year_i+Family_i+\mu_{it} \tag{5-14}$$

模型（5-13）中，Z_{it} 表示不可观测的潜变量 z_{it}，当 $z_{it}^{*}>0$ 时，代表家庭接触过数字服务，则 $Z_{it}=1$，当 $z_{it}^{*}\leq0$ 时，代表家庭从未接触过数字服务，即 $Z_{it}=0$。模型（5-14）中，web_{it} 表示第 t 年家庭 i 去年平均每月通信网络费支出取对数，γ_0、γ_1、γ_2 表示估计参数，其余变量含义与式（5-7）相同。

第二步，将通过第一步计算出的逆米尔斯比率，作为解释变量加入模型（5-16）。具体模型设定如下：

$$Y_{it}=\begin{cases} \text{可观测，如果 } Z_{it}>0 \\ \text{不可观测，如果 } Z_{it}=0 \end{cases} \tag{5-15}$$

$$Y_{it}=\tau_0+X'_{it}\tau_1+\tau_2 IMR+Year_i+Family_i+\mu_{it} \tag{5-16}$$

模型（5-15）中，Y_{it} 表示家庭金融资产配置，式（5-16）中，IMR 是 Heckman 第一步选择方程计算出来的逆米尔斯比率，作用是为每一个样本计算出一个用于修正样本选择偏差的值，τ_0、τ_1、τ_2 表示待估参数，其余变量含义均与模型（5-14）相同。若 τ_2 显著不为零，代表存在样本选择偏误。

表 5-7 汇报了 Heckman 两阶段法的回归结果。其中，（1）列表示 Heckman 第一步选择方程的估计结果，因为家庭是否接触数字服务是决定家庭数字金融能力的关键，故而本章将家庭是否接触数字服务作为识别变量，并加入样本家庭上一年度的通信网络费支出水平作为外生变量进行回归。（2）列至（5）列是 Heckman 第二步的估计结果，从（2）列、（3）列中逆米尔斯比率的边际效应系数不显著可知，样本家庭在金融市场参与上不存在样本选择偏误，说明原基准回归存在的样本选择偏差问题不是很严重，通过引入逆米尔斯比率作为控制变量可视为进行一次稳健性检验，数字金融能力在两种金融市场参与的边际效应系数均显著为正，分别为 0.059、0.429，与基准回归中相对应的系数 0.096、0.381 近似；从（4）列、（5）列中逆米尔斯比率的边际效应系数显著可知，样本家庭在金融资产配比上存在样本选择偏误，导致原基准回归结果存在样本选择偏差，需要使用样本选择模型进行缓解，数字金融能力在两种金融资产占比的边际效应系数分别为 -0.035、0.211，是缓解样本选择偏误后更稳健的结果。进一步证实了前文结论的稳健性。

表 5-7　Heckman 两阶段估计结果

变量名	（1） 是否接触 数字服务	（2） 无风险金融 市场参与	（3） 风险金融 市场参与	（4） 无风险金融 资产占比	（5） 风险金融 资产占比
上年通信网络费支出	0.254*** (27.25)	—	—	—	—
数字金融能力	2.337*** (33.18)	0.059** (2.99)	0.429*** (19.31)	-0.035 (-1.55)	0.211*** (6.21)
逆米尔斯比率	—	-0.023 (-1.33)	0.000 (0.00)	-0.096*** (-4.91)	-0.117*** (-3.32)
数字普惠金融指数	-0.477*** (-4.55)	0.155*** (5.34)	1.161*** (38.91)	-0.012 (-0.36)	0.533*** (10.44)

续表

变量名	(1) 是否接触数字服务	(2) 无风险金融市场参与	(3) 风险金融市场参与	(4) 无风险金融资产占比	(5) 风险金融资产占比
性别	0.178 *** (6.21)	0.006 (0.72)	0.016 (1.81)	-0.037 *** (-4.04)	0.040 ** (2.95)
年龄	-0.020 ** (-2.91)	-0.002 (-0.88)	0.007 *** (3.40)	-0.015 *** (-7.47)	-0.003 (-0.81)
年龄的平方	-0.019 *** (-3.34)	0.006 *** (3.45)	-0.011 *** (-5.98)	0.018 *** (9.33)	0.005 (1.83)
婚姻状况	0.017 (0.50)	0.018 (1.69)	0.016 (1.30)	-0.000 (-0.07)	0.053 ** (2.73)
受教育程度	0.227 *** (24.17)	0.023 *** (9.38)	0.035 *** (12.34)	0.014 *** (5.00)	0.088 *** (20.14)
城乡	-0.435 *** (-19.20)	-0.034 *** (-3.96)	-0.066 *** (-7.27)	-0.012 (-1.30)	-0.228 *** (-12.69)
健康状况	-0.110 *** (-10.38)	-0.020 *** (-5.54)	-0.010 * (-2.42)	-0.026 *** (-6.47)	-0.032 *** (-4.82)
家庭与时间固定效应	已控制	已控制	已控制	已控制	已控制
样本量	22496	14685	14685	14685	14685

（三）稳健性检验

1. 更换回归模型

本部分采用更换模型的方法来检验实证结果的稳健性，如表5-8所示，利用Logit模型和OLS模型分别替代Probit模型和Tobit模型重新进行回归分析，结果发现更改模型后的回归结果与更改前相比，解释变量和各控制变量的边际效应只在绝对值上略有差异，但总体的显著性和对被解释变量影响方向基本不变，例如数字金融能力的边际效应与前文中的边际效应相比，（1）列、（2）列、（4）列都在1%的水平上显著为正。由此可推出，数字金融能力对家庭金融资产配置的影响是稳健的。

表 5-8　更换模型下的稳健性检验

变量名	（1）Logit 无风险金融市场参与	（2）Logit 风险金融市场参与	（3）OLS 无风险金融资产占比	（4）OLS 风险金融资产占比
数字金融能力	0.706***	2.641***	0.019	0.049***
	(7.53)	(29.48)	(1.46)	(10.14)
数字普惠金融指数	1.067***	6.048***	0.011	0.060***
	(6.47)	(35.57)	(0.48)	(7.31)
性别	−0.008	0.112**	−0.024***	0.009***
	(−0.19)	(2.60)	(−4.02)	(3.94)
年龄	0.030**	0.063***	−0.008***	0.000
	(3.08)	(6.22)	(−6.74)	(0.10)
年龄的平方	−0.002	−0.098***	0.010***	0.000
	(−0.26)	(−10.89)	(9.05)	(1.03)
婚姻状况	0.164***	0.150***	0.006	0.006**
	(3.80)	(3.36)	(1.11)	(2.91)
受教育程度	0.187***	0.270***	0.014***	0.018***
	(14.50)	(20.50)	(8.09)	(26.40)
城乡	−0.409***	−0.568***	−0.032***	−0.019***
	(−9.47)	(−14.11)	(−6.19)	(−9.76)
健康状况	−0.208***	−0.097***	−0.026***	−0.003**
	(−10.91)	(−5.24)	(−11.02)	(−3.16)
家庭与时间固定效应	已控制	已控制	已控制	已控制
样本量	23402	23402	23402	23402
R^2	0.0622	0.2830	0.0268	0.0844

2. 更改测度方式

本部分尝试采用改变数字金融能力的测度方式来进行稳健性检验，使用迭代主因子法衡量居民的数字金融能力，将 7 个子指标进行因子分析生成数字金融能力综合指标，然后对样本进行重新回归。首先，进行 Bartlett test

和 KMO 球形检验来分析样本是否适合做因子分析。在 Bartlett test 中，当 p-value<0.01，KMO 球形检验值为 0.668，表明样本适合做因子分析。其次，按照特征值大于 1 的原则选取因子来衡量数字金融能力，得到两个特征值大于 1 的特征因子。再次，将两个特征因子与其对应的权重相乘后相加得到综合指标。最后，采用综合指标作为解释变量重新进行实证回归。从表 5-9 的回归结果来看，更改测度方式后，数字金融能力在 1% 的显著水平上会正向促进家庭对两种金融市场的参与意愿，同时也会提高家庭对于无风险金融资产和风险金融资产在家庭金融资产中的占比。各个控制变量的显著性以及对家庭金融资产配置的影响方向也都与基准回归的结果相同。总体来看，证明了前文实证结果具有稳健性。

表 5-9　更改测度方式下的稳健性检验

变量名	(1) 无风险金融市场参与	(2) 风险金融市场参与	(3) 无风险金融资产占比	(4) 风险金融资产占比
数字金融能力	0.210***	0.822***	0.049***	0.267***
	(12.34)	(46.94)	(8.39)	(29.88)
数字普惠 金融指数	0.855***	4.700***	0.086***	0.677***
	(10.75)	(51.96)	(3.29)	(15.77)
性别	-0.008	0.066*	-0.031***	0.044***
	(-0.30)	(2.54)	(-3.70)	(3.38)
年龄	0.016**	0.033***	-0.008***	0.003
	(2.82)	(5.61)	(-4.25)	(0.97)
年龄的平方	0.002	-0.046***	0.010***	0.000
	(0.41)	(-8.91)	(6.36)	(0.08)
婚姻状况	0.088***	0.065*	0.010	0.044**
	(3.47)	(2.37)	(1.25)	(3.07)
受教育程度	0.089***	0.094***	0.026***	0.079***
	(11.47)	(11.70)	(10.00)	(19.95)
城乡	-0.174***	-0.181***	-0.057***	-0.237***
	(-7.22)	(-7.37)	(-7.52)	(-14.41)

续表

变量名	(1) 无风险金融市场参与	(2) 风险金融市场参与	(3) 无风险金融资产占比	(4) 风险金融资产占比
健康状况	−0.104*** (−9.66)	−0.014 (−1.21)	−0.038*** (−11.21)	−0.035*** (−5.52)
家庭与时间固定效应	已控制	已控制	已控制	已控制
样本量	23402	23402	23402	23402
R^2	0.0668	0.3386	0.0276	0.2854

（四）异质性分析

本部分从异质性角度对样本进行实证研究，分析数字金融能力对家庭金融资产配置的影响在城乡居住环境下的差异。

根据家庭户主的户口性质，本章将样本分成两组：城镇家庭与农村家庭，分组回归结果如表5-10所示。根据回归结果分析，数字金融能力对两种家庭的金融资产配置都显著为正。通过对比发现，农村家庭在无风险金融市场参与、无风险金融资产占比两项中边际效应系数均大于城镇家庭，说明农村家庭在进行金融投资活动时更倾向于安全稳健的无风险金融资产，能够保障自己的储蓄或者本金不受太大的损失。可能的原因有：第一，农村家庭通常面临着相对较低的收入水平和生活条件。由于经济状况相对脆弱，他们更加注重稳定和安全，因此对风险持有较高的厌恶态度。第二，农村家庭在农业生产和农村经济活动中面临一系列的风险，如自然灾害、市场波动、价格波动等。这些风险对农村家庭的生计和经济稳定性产生直接影响，使他们对于风险更加敏感和警惕。因此，他们更倾向于选择稳定和可靠的无风险资产，以减少金融风险的影响。第三，农村家庭的教育水平和信息获取渠道相对有限，缺乏对风险金融市场的全面了解和分析能力。这也导致他们在面对风险时更加保守和谨慎，避免可能的损失和风险。对于上述的城乡差异结果及其原因分析，表5-10中两种家庭对风险金融市场参与的回归系数分别为0.258、0.457，从另一视角表现出城镇家庭比农村家

表5-10　城乡异质性分析

变量名	农村 无风险金融 市场参与	城镇 无风险金融 市场参与	农村 风险金融 市场参与	城镇 风险金融 市场参与	农村 无风险金融 资产占比	城镇 无风险金融 资产占比	农村 风险金融 资产占比	城镇 风险金融 资产占比
数字金融能力	0.105***	0.097***	0.258***	0.457***	0.277***	0.038	0.510***	0.362***
	(5.22)	(5.75)	(13.56)	(29.11)	(6.90)	(1.93)	(7.46)	(11.82)
数字普惠金融指数	0.069*	0.182***	0.882***	0.857***	-0.140*	0.053	0.568***	0.547***
	(2.03)	(6.12)	(26.31)	(29.59)	(-2.14)	(1.54)	(4.61)	(9.91)
性别	-0.029**	0.006	-0.004	0.024**	-0.049*	-0.020*	-0.025	0.049***
	(-2.62)	(0.79)	(-0.39)	(3.09)	(-2.51)	(-2.22)	(-0.62)	(3.45)
年龄	0.004	0.004*	0.001	0.011***	0.002	-0.013***	-0.011	0.009**
	(1.74)	(2.08)	(0.25)	(6.23)	(0.59)	(-7.00)	(-1.42)	(3.01)
年龄的平方	-0.002	0.001	-0.007***	-0.015***	0.000	0.015***	0.004	-0.007**
	(-0.92)	(0.70)	(-3.46)	(-9.75)	(0.13)	(8.80)	(0.56)	(-2.70)
婚姻状况	0.022**	0.022*	0.018*	0.024**	0.015	0.010	0.057*	0.050**
	(2.87)	(2.57)	(1.98)	(2.74)	(0.99)	(1.01)	(2.09)	(3.08)

续表

变量名	农村 无风险金融 市场参与	城镇 无风险金融 市场参与	农村 风险金融 市场参与	城镇 风险金融 市场参与	农村 无风险金融 资产占比	城镇 无风险金融 资产占比	农村 风险金融 资产占比	城镇 风险金融 资产占比
受教育程度	0.016***	0.031***	0.021***	0.047***	0.057***	0.024***	0.040***	0.118***
	(4.54)	(14.18)	(5.55)	(20.96)	(8.45)	(9.44)	(3.40)	(26.99)
健康状况	-0.028***	-0.026***	-0.007	-0.018***	-0.053***	-0.034***	-0.062***	-0.046***
	(-8.53)	(-7.23)	(-1.92)	(-4.94)	(-8.73)	(-8.43)	(-4.81)	(-6.50)
家庭与时间固定效应	已控制	已控制	已控制	已控制	已控制	已控制	已控制	已控制
样本量	9160	14242	9160	14242	9160	14242	9160	14242
R^2	0.0365	0.0514	0.2500	0.2617	0.0191	0.0211	0.1597	0.1595

庭更愿意参与风险金融市场的现象，很好地证明了上述农村家庭倾向投资无风险金融资产的结论。

第四节　影响机制分析

一、金融素养

为了验证假说 H2，本部分采用温忠麟和叶宝娟（2014）的逐步回归法来探究数字金融能力是否通过影响居民的金融素养从而影响家庭金融资产配置进行中介效应检验。首先检验金融素养能否用因子分析来衡量。在 Bartlett test 中，p-value < 0.01，KMO = 0.784，适合因子分析。因子分析的过程在前文中已经展示，在此不再展开叙述。最终根据 3 个特征因子与其对应的权重相乘后求和得到反映居民金融素养的综合指标，并将其作为中介变量进行回归，回归结果如表 5-11 所示。

表 5-11　金融素养中介效应检验

变量名	（1）金融素养	（2）无风险金融市场参与	（3）风险金融市场参与	（4）无风险金融资产占比	（5）风险金融资产占比
数字金融能力	1.433 *** (73.14)	0.063 *** (4.30)	0.327 *** (23.61)	0.109 *** (5.27)	0.081 * (2.54)
金融素养	—	0.023 *** (5.41)	0.041 *** (8.85)	-0.007 (-1.12)	0.158 *** (18.76)
数字普惠金融指数	-0.838 *** (-25.21)	0.156 *** (6.81)	0.875 *** (39.12)	0.010 (0.31)	0.613 *** (12.02)
性别	-0.024 ** (-2.70)	0.003 (0.45)	0.018 ** (2.89)	-0.026 ** (-3.03)	0.051 *** (3.78)

续表

变量名	（1） 金融素养	（2） 无风险金融 市场参与	（3） 风险金融 市场参与	（4） 无风险金融 资产占比	（5） 风险金融 资产占比
年龄	-0.003 （-1.55）	0.003 * （2.24）	0.007 *** （4.81）	-0.008 *** （-4.56）	0.005 （1.59）
年龄的平方	0.002 （1.30）	0.001 （0.61）	-0.012 *** （-9.34）	0.010 *** （6.39）	-0.004 （-1.51）
婚姻状况	-0.026 * （-2.42）	0.037 *** （4.67）	0.030 *** （3.73）	0.025 * （2.41）	0.080 *** （4.25）
受教育程度	0.073 *** （27.32）	0.024 *** （13.27）	0.036 *** （19.33）	0.031 *** （12.15）	0.094 *** （23.22）
城乡	-0.076 *** （-9.87）	-0.049 *** （-8.67）	-0.074 *** （-13.06）	-0.068 *** （-9.12）	-0.274 *** （-16.83）
健康状况	-0.023 *** （-6.40）	-0.027 *** （-10.47）	-0.013 *** （-4.87）	-0.042 *** （-12.14）	-0.044 *** （-7.04）
家庭与时间固定效应	已控制	已控制	已控制	已控制	已控制
sobel 检验	—	0.046 *** （z=6.74）	0.085 *** （z=11.97）	-0.021 *** （z=-3.22）	0.057 *** （z=23.05）
95%置信区间	—	[0.030, 0.061]	[0.070, 0.100]	[-0.032, -0.009]	[0.050, 0.064]
R^2	0.3076	0.0636	0.2858	0.0266	0.2549
样本量	23402	23402	23402	23402	23402

由表5-11可知，（1）列中数字金融能力在1%的水平上显著且边际效应系数为1.433，代表数字金融能力能够显著提高居民的金融素养水平。（2）列至（5）列为同时引入数字金融能力和金融素养的回归结果，可以看到在引入金融素养作为中介变量后，数字金融能力对家庭金融资产的配置四个变量的边际效应系数都显著为正，同时金融素养对四个因变量的边际影响也都从整体上正向显著。其中金融素养对家庭无风险金融资产占比的

边际效应系数不够显著，这一问题会通过后续的 Sobel 检验及 bootstrap 检验来解决。通过比较数字金融能力以及金融素养两者分别对应四个因变量的系数，本章可以得出：数字金融能力通过影响居民金融素养进而影响家庭金融资产配置，且金融素养起到了部分中介效应。可能的原因是：第一，数字金融能力可以帮助居民更好地了解金融产品、投资工具以及金融市场的运作规律，从而提高他们对金融知识的掌握程度和理解能力。这有助于提升居民的金融素养水平，使他们能够更好地进行金融决策和规划，对家庭金融资产进行合理的持有以及分配。第二，数字金融技术为居民提供了更多便捷的金融工具和服务，如移动支付、网上银行、第三方支付平台等。通过这些工具，居民可以更方便地进行理财规划、资金管理和投资，从而提高了他们的金融素养，同时也促进他们对金融资产进行更为高效的配置。第三，数字金融能力可以帮助居民更好地了解和评估投资风险，提高他们的风险意识和风险管理能力。这有助于居民更加理性地进行金融决策，避免盲目跟风和不理性投资。在上述回归结果的基础上，本章进一步对金融素养的中介效应进行了 Sobel 检验和 Bootstrap 检验，Sobel 检验结果显示 z 值均在 1% 水平上显著；Bootstrap 检验结果显示，数字金融能力的置信区间不包含 0，同样证实了中介效应的存在。综上所述，假说 H2 得到验证。

二、风险偏好

为了验证假说 H3，本部分通过中介效应模型探究数字金融能力是否通过影响居民的风险偏好从而影响家庭金融资产配置。2017 年、2019 年的 CHFS 问卷中通过"如果您有一笔资金用于投资，您最愿意选择哪种投资项目"的回答情况来衡量受访家庭的风险偏好。本章根据问卷的回答选项进行赋值，赋值标准为评分随风险程度递减而降低，分别为 5 分、3.5 分、2.5 分、1.5 分、0.5 分、0 分。表 5-12 显示了风险偏好中介效应的估计结果。

表5-12 风险偏好中介效应检验

变量名	（1）风险偏好	（2）无风险金融市场参与	（3）风险金融市场参与	（4）无风险金融资产占比	（5）风险金融资产占比
数字金融能力	1.810***	0.111***	0.299***	0.116***	0.303***
	(52.77)	(8.16)	(23.27)	(5.96)	(10.16)
风险偏好	—	-0.009**	0.046***	-0.009*	0.044***
		(-3.27)	(19.42)	(-2.55)	(8.25)
数字普惠金融指数	0.261***	0.143***	0.835***	0.015	0.534***
	(4.49)	(6.40)	(38.44)	(0.46)	(10.51)
性别	-0.013	0.002	0.020***	-0.026**	0.051***
	(-0.80)	(0.30)	(3.29)	(-3.03)	(3.74)
年龄	-0.023***	0.003*	0.007***	-0.009***	0.006*
	(-7.09)	(2.24)	(5.27)	(-4.93)	(2.07)
年龄的平方	0.013***	0.001	-0.012***	0.010***	-0.005
	(4.50)	(0.54)	(-9.65)	(6.73)	(-1.87)
婚姻状况	-0.051**	0.035***	0.032***	0.024*	0.080***
	(-2.69)	(4.50)	(4.02)	(2.35)	(4.28)
受教育程度	0.027***	0.026***	0.037***	0.031***	0.108***
	(5.83)	(14.82)	(20.76)	(12.30)	(26.53)
城乡	-0.031*	-0.052***	-0.079***	-0.069***	-0.300***
	(-2.32)	(-9.32)	(-14.21)	(-9.32)	(-18.16)
健康状况	-0.012	-0.028***	-0.013***	-0.042***	-0.049***
	(-1.91)	(-11.07)	(-4.96)	(-12.46)	(-7.81)
家庭与时间固定效应	已控制	已控制	已控制	已控制	已控制
sobel检验	—	-0.017*** (z=-3.53)	0.103*** (z=19.58)	-0.019*** (z=-4.08)	0.012*** (z=7.27)
95%置信区间	—	[-0.026, -0.008]	[0.092, 0.115]	[-0.027, -0.010]	[0.009, 0.016]
R^2	0.2090	0.0628	0.2952	0.0270	0.2374
样本量	23402	23402	23402	23402	23402

由于风险偏好这一变量对风险金融市场参与以及风险金融资产占比的

影响更为显著，故而我们先将目光聚集于（3）列、（5）列，其中风险偏好对于两个因变量的影响系数都在 1% 的水平上显著为正，分别为 0.046、0.044，相对应的数字金融能力对两个因变量的边际效应也都显著为正，符合部分中介效应的特征。这说明随着居民风险偏好的提高，居民家庭也更愿意承担风险，倾向于投资风险金融市场或者更注重高风险、高回报的资产配置，也就是增加风险金融资产的占比，如股票、基金、金融理财产品等风险资产。另外，风险偏好较高的投资者可能会更加倾向于采取积极的投资策略，如杠杆交易、短线操作等手段以获取更高的收益。相反地，在（2）列、（4）列中可以看到，居民的风险偏好程度与家庭的无风险金融市场参与以及无风险金融资产占比呈负相关，边际效应系数均为 -0.009。相对应的数字金融能力对两个因变量的边际效应也在 1% 的水平上显著为正，符合部分中介效应的特征。由此可推出风险偏好较低的投资者更注重资产的稳健性和保值增值，所以更倾向于选择低风险的金融资产，如银行存款、国家债券等。他们采用保守的投资策略，如定投、分散投资等手段来降低投资的风险。综上所述，假说 H3 得到验证。

三、家庭收入水平

居民的收入水平是影响居民金融投资行为的重要因素，本部分采用家庭总收入（家庭当年总收入取对数）为中介变量，探究数字金融能力如何通过影响收入水平进而影响家庭金融资产配置。表 5-13 显示了收入水平作为数字金融能力影响家庭金融资产配置的中介变量的估计结果。由表 5-13（1）列可知，数字金融能力在 1% 的水平上显著且与家庭收入水平呈正相关。另外，从表 5-13 中（2）列至（5）列可以看出，家庭总收入对家庭金融资产配置的影响都在 1% 的水平上显著为正，将家庭总收入作为中介变量引入后的回归结果中数字金融能力的边际效应也都在 1% 的水平上显著为正，证明家庭总收入在回归中起到了部分中介效应。值得注意的是，家庭总收入在（5）列的边际效应大于（4）列的边际效应，说明随着家庭收入水平的提高，家庭更倾向增加风险金融资产的持有比例。

表5-13　家庭收入中介效应检验

变量名	（1）家庭总收入	（2）无风险金融市场参与	（3）风险金融市场参与	（4）无风险金融资产占比	（5）风险金融资产占比
数字金融能力	0.404***	0.087***	0.367***	0.095***	0.355***
	(8.57)	(6.78)	(30.39)	(5.13)	(12.64)
家庭总收入	—	0.039***	0.037***	0.025***	0.128***
		(17.17)	(17.88)	(9.37)	(19.89)
数字普惠金融指数	0.748***	0.109***	0.819***	0.000	0.426***
	(9.40)	(4.85)	(37.62)	(0.00)	(8.41)
性别	0.055**	-0.000	0.018**	-0.028***	0.043**
	(2.58)	(-0.06)	(2.89)	(-3.33)	(3.18)
年龄	0.009	0.003*	0.006***	-0.009***	0.003
	(1.90)	(2.37)	(4.22)	(-4.86)	(1.20)
年龄的平方	-0.011**	0.001	-0.011***	0.010***	-0.003
	(-2.83)	(0.60)	(-8.85)	(6.76)	(-1.14)
婚姻状况	0.517***	0.016*	0.010	0.012	0.018
	(19.91)	(2.00)	(1.25)	(1.15)	(0.95)
受教育程度	0.231***	0.017***	0.030***	0.024***	0.081***
	(36.21)	(9.16)	(15.88)	(9.45)	(19.81)
城乡	-0.462***	-0.033***	-0.065***	-0.058***	-0.254***
	(-24.90)	(-5.71)	(-11.39)	(-7.64)	(-15.20)
健康状况	-0.151***	-0.022***	-0.008**	-0.038***	-0.037***
	(-17.80)	(-8.79)	(-3.09)	(-11.06)	(-5.74)
家庭与时间固定效应	已控制	已控制	已控制	已控制	已控制
sobel检验	—	0.013*** (z=7.59)	0.014*** (z=7.64)	0.005*** (z=5.06)	0.003*** (z=6.96)
95%置信区间	—	[0.010, 0.016]	[0.010, 0.017]	[0.003, 0.006]	[0.002, 0.004]
R2	0.2079	0.0777	0.2968	0.0296	0.2628
样本量	23402	23402	23402	23402	23402

关于家庭收入水平如何发挥中介效应以及对家庭金融资产配置的影响机制，解释如下：第一，数字金融技术可以帮助家庭更好地了解各种投资理财工具，包括股票、债券、基金、理财产品等。家庭可以利用数字金融平台进行投资理财，以获取更高的投资回报，从而增加家庭收入，进而增加家庭的投资能力，使其有更多资金用于购买各种金融资产，如股票、债券、基金等。这样可以实现更广泛的资产配置，有助于分散风险，提高资产收益。第二，数字金融工具可以帮助家庭进行更加科学和合理的理财规划，包括投资目标的设定、风险评估、资产配置、退休规划、子女教育金等。从而更有效地利用资金，实现收入多元化的增长。同时，居民数字金融能力的提高也可以更好地评估和管理风险，选择合适的保险和投资产品，从而提高家庭的金融资产配置水平。第三，更高的家庭收入通常会带来更高的储蓄水平。通过数字金融工具，家庭可以更有效地管理储蓄，选择合适的储蓄工具和理财产品，从而提高金融资产配置的灵活性和效率。综上所述，假说 H4 得到验证。

第五节　本章小结

　　家庭金融作为金融市场的主体之一，家庭的储蓄和投资决策直接影响资金的流动和市场的供求关系。因此，家庭金融活动的规模和趋势对金融市场的运行具有重要意义。对家庭资产进行科学有效的配置，可以帮助家庭和居民个人积累更多的财富，还能更好地调动社会财富资源，变社会各阶层储蓄为资本，有利于增强金融市场活力，促进生成更多的社会财富。根据中国家庭金融调查数据显示，我国家庭风险投资参与率、投资比重与投资组合的分散化程度仍处于较低水平。数字金融能力为家庭金融资产配置提供了技能与知识等方面的诸多支持。本章将家庭微观个体的数字金融能力与家庭金融资产管理联系起来，以便更深入地理解家庭金融资产投资行为的理论、丰富以我国经济与金融环境为背景的实证研究，并且帮助微观家庭基于自身的家庭特征与环境做出理性的金融资产投资选择。

本章将 2017 年、2019 年中国家庭金融调查（CHFS）的截面数据整理为面板数据，选择 Probit 和 Tobit 模型分析数字金融能力对于家庭金融资产配置的影响。从数字工具接入、数字技术使用、客观金融素养、主观金融素养四个维度选取 7 个指标从微观层面对家庭数字金融能力进行刻画，采用熵值法构建家庭数字金融能力指数，深入挖掘数字金融对不同家庭的影响差异，考察其在家庭金融资产配置中的具体作用机制。在家庭金融资产配置的变量选取上，不仅包括明确的市场参与情况，还匹配了对应金融市场中的资产配置规模，全面地刻画家庭金融资产的配置状况。将样本家庭分成两组进行城乡异质性分析，同时采取中介效应模型，选择金融素养、风险偏好和家庭收入水平作为中介变量分别进行了机制分析，探究了数字金融能力是如何通过三个渠道对家庭金融资产配置产生影响。

研究发现，数字金融能力对家庭金融市场参与行为以及金融资产配置规模存在显著的正向影响。异质性结果显示，数字金融能力对城镇家庭和乡村家庭的无风险金融资产投资都起到显著的正向促进作用，但对农村家庭的影响效果大于对城镇家庭的影响效果。数字金融能力对两种家庭的风险金融资产投资在总体上起促进作用。机制分析表明，数字金融能力通过影响金融素养、风险偏好和家庭收入水平，间接优化了家庭金融资产配置。

第六章 结论与政策建议

第一节 研究结论

一、数字技术对制造业减污降碳协同效应的影响

本书在理论分析基础之上，利用 2007~2017 年中国投入产出表、ED-GAR（Emission Database for Global Atmospheric）数据库、华盛顿大学圣路易斯分校发布的全球的地表 PM2.5 浓度数据以及《中国城市统计年鉴》，研究了制造业数字技术应用赋能是否促进了该地区减污降碳协同效应。研究结论主要包括：

第一，通过运用非径向方向距离函数，分别测度我国各地级市 2007~2017 年的二氧化碳边际减排成本、PM2.5 边际减排成本和减污降碳协同效应，比较其大小以及演变特征可知：减污降碳协同效应呈现波动上升趋势，无论是减污还是降碳，两者单独减排时的边际减排成本均高于协同减排时的边际减排成本；对 PM2.5 的边际减排成本，单独减排和协同减排的边际减排成本均呈现波动上升趋势，且非资源型城市边际减排成本高于资源型城市；对于二氧化碳的边际减排成本，单独减排的边际减排成本变动幅度

较小，协同减排时边际减排成本呈下降趋势，且边际减排成本都呈现出非资源型城市边际减排成本高于资源型城市。

第二，基于面板数据实证检验了制造业数字技术应用投入对减污降碳协同效应的影响效应及作用机制。发现制造业数字技术应用投入对边际减排成本有显著的负向影响，且在协同减排时负向影响更明显，因此，制造业数字技术应用投入可以促进地区减污降碳效应。制造业数字技术应用投入分别可以通过促进地区产业结构高度化质的提升和实用创新型绿色专利申请数量增加，以此对地区减污降碳协同增效产生显著的积极影响。

第三，制造业数字技术应用投入促进地区减污降碳协同效应这一结论，在资源型城市和非资源型城市均成立，但对资源型城市减污降碳协同效应促进效果更明显。同时，经使用城市级 MRIO 直接计算地级市制造业数字技术应用投入，进行稳健性检验后，这一结论依然成立并发现对地级市减污降碳协同效应的促进作用主要来源于本市的数字技术应用对制造业的投入；在稳健性检验中，还发现制造业数字技术应用投入对二氧化碳和二氧化硫的协同效应也有积极影响。

二、数字鸿沟对农村居民消费潜力的影响

本章利用 2017 年、2021 年中国时间利用调查数据以及中国家庭金融调查数据研究了城乡数字鸿沟对农村居民消费潜力的影响，在经济学的研究范畴内解释了城乡数字鸿沟对农村居民消费潜力的影响效果与渠道。根据实证分析后得出以下结论：

第一，城乡数字鸿沟会显著降低农村居民的消费潜力。这种影响在控制了相关影响变量后，城乡数字鸿沟每提高 1 个单位，农村居民消费潜力下降 0.676 个单位。分层面来看，一级数字鸿沟对农村居民消费潜力影响结果并不显著。二级数字鸿沟每上升 1 个单位，农村居民消费潜力下降 0.539 个单位。

第二，从影响的渠道机制来看，城乡数字鸿沟会通过扩大城乡收入差距，从而降低农村居民的消费潜力。城乡数字鸿沟提高 1 单位，城乡收入差

距扩大 0.462 个单位，农村居民消费潜力降低 0.805 个单位。城乡数字鸿沟还会通过扩大借贷约束，从而影响农村居民潜力的释放。并且这种影响主要针对消费型借贷，而对生产型借贷没有显著性影响。城乡数字鸿沟还会阻碍农村居民数字金融的使用，从而导致居民消费潜力无法得到有效释放。

第三，从异质性来看，当将收入划分为低收入、较低收入、较高收入以及高收入后，城乡数字鸿沟主要显著抑制了较高收入人群的消费潜力，而对其他组的并没有显著影响。按照居民年龄将样本划分为 22 岁及以下、23~40 岁、41~50 岁、51~60 岁以及 61 岁及以上五个子样本群后，城乡数字鸿沟对于年龄 23~50 岁居民不存在显著影响，对其他年龄段农村居民均有不同程度的影响。

三、数字金融对居民资产配置的影响

我国家庭资产配置存在种类单一、流动性差、金融资产占比过低等问题，而数字金融作为一种方便快捷、准确高效的金融服务方式，不仅能有效改善该家庭的财富结构，帮助家庭和居民个人积累更多的财富，还能加强家庭财富与金融市场的联系，引导居民积极参与投资，为中国的金融市场注入强劲新动力。本书通过梳理已有相关领域的文献，构建微观家庭的数字金融能力变量，实证分析数字金融能力对家庭金融资产配置的影响。基于上述研究得出以下结论：

第一，数字金融能力能够正向影响家庭金融资产配置。具体表现为增加家庭参与无风险金融市场和风险金融市场的可能性，提升家庭在无风险和风险金融资产的投资占比。在经过内生性检验、稳健性检验后以上结论依然成立。

第二，异质性分析结果表明，数字金融能力对城镇家庭和农村家庭的金融资产配置都起正向促进的作用，但对农村家庭在参与无风险金融市场和持有无风险金融资产比重方面更显著。

第三，通过机制分析发现，数字金融能力通过影响居民金融素养、风险偏好、家庭收入水平间接影响了家庭金融资产配置。数字金融能力通过

帮助居民更好地了解金融投资工具和市场运行规律来提升金融素养水平，使他们更合理地分配家庭财富；通过改变风险偏好来影响居民的投资策略，调整持有的资产比重；通过提高家庭收入鼓励家庭进行更为科学的理财规划，实现收入多元化和资产分散化。

第二节　政策建议

基于以上分析，本书提出如下政策思路：

第一，因地制宜地制定与经济发展阶段相适应的减污降碳协同增效政策方案。加快发展方式绿色转型，在深入理解减污降碳协同效应产生的机理以及影响因素的基础上，积极探索推广可以在源头同时减少温室气体、控制空气污染物的技术手段，加强对高污染行业的监管，鼓励传统低效行业中的企业进行研发创新，向低碳低污染生产方式转型。

第二，持续推进数字技术在制造业的深入应用。数字技术的进步一方面为制造业企业提供了更为精准的污染物排放监测平台，建立了所生产产品的环境足迹模型等；另一方面数字技术在制造业的应用有利于该行业资源配置的优化、能源效率的提升以及绿色创新水平的提高，从而促进了地区减污降碳，因此要加快推进数字技术进步与应用推广，加大力度培养数字化技能型人才并且要推进发达地区与落后地区绿色应用技术交流。

第三，结合区域异质性，数字技术富集地区要发挥辐射带动作用，促进周边地区数字技术研发、发展、应用，数字技术贫瘠地区也要增强自身主观能动性，既要多向数字技术高度发达地区学习借鉴经验，也要避免一味"搭便车"的状态，调动自身比较优势，开发适合本地区发展模式的数字技术。要增加东部与中西部地区之间的低碳数字技术交流和产业融合，全面推动工业产业的绿色化、智能化转型。

第四，在基础设施建设方面。要继续加大对农村地区基础设施的建设，确保网络以及通信能够有效覆盖广大农村地区。推动 5G 以及千兆宽带网络的普及，在覆盖基础网络的农村地区，逐步提升网络覆盖质量，让农村居民能够享受到更加优质的网络及通信设施。可以通过资金支持、税收激励等方式，鼓励民营企业加入建设农村基础的基础设施建设，完善农村地区网络覆盖情况。

第五，在信息技术培训方面，推动数字乡村建设，实施面向农村居民的信息技术培训计划，帮助提高农村居民的数字素养。培训可以通过线上线下相结合的方式，主要围绕智能手机基本操作以及互联网使用方面等内容，帮助农村居民逐渐熟悉互联网使用。在此基础上，还可以帮助农村居民了解数字化农业以及电子商务等方面的知识。

第六，在数字农业推广方面，要积极鼓励和支持数字农业的发展，包括农业信息化、智能农业技术的应用等。可以通过资金支持、技术投入等方式，帮助农村地区引入智能生产设备，引进先进技术人才，带动本地区农民通过数字农业实现乡村振兴。提高农村居民通过数字技术获取农业信息、开展农业生产和销售的能力，让数字农业为农村增收助力。

参考文献

［1］ Alhenawi Y, and K Elkhal. Financial Literacy of US Households: Knowledge vs. Long-Term Financial Planning ［J］. Financial Services Review, 2014, 22 (03): 211-244.

［2］ Attewell P. Comment: The First and Second Digital Divides ［J］. Sociology of Education, 2001, 74 (03): 252-259.

［3］ Auty R. Sustaining Development in Mineral Economies: The Resource Curse Thesis ［M］. London: Routledge, 2002.

［4］ Barefoot K, Curtis D, Jolliff W, et al. Defining and Measuring the Digital Economy ［R］. US Department of Commerce Bureau of Economic Analysis, Washington, DC, 2018.

［5］ Behzadan N, Chisik R, Onder H, et al. Does Inequality Drive the Dutch Disease? Theory and Evidence ［J］. Journal of International Economics, 2017 (106): 104-118.

［6］ Besley T. Savings, Credit and Insurance ［J］. Papers, 1995, 3 (05): 2123-2207.

［7］ Billon M, Lera-Lopez F, Marco R. Differences in Digitalization Levels: A Multivariate Analysis Studying the Global Digital Divide ［J］. Review of World Economics, 2010 (146): 39-73.

［8］ Brenner B , Hartl B. The Perceived Relationship between Digitalization and Ecological, Economic, and Social Sustainability [J]. Journal of Cleaner Production, 2021, 315 (05): 1-32.

[9] Cardak B A, Wilkins R. The Determinants of Household Risky Asset Holdings: Australian Evidence on Background Risk and Other Factors [J]. Journal of Banking & Finance, 2009, 33 (05): 850-860.

[10] Chamon M D, Prasad E S. Why Are Saving Rates of Urban Household sin China Rising [J]. American Economic Journal: Macro Economics, 2010, 2 (01): 36-49.

[11] Chen J, Liu J, Qi J, et al. City-and County-level Spatio-temporal Energy Consumption and Efficiency Datasets for China from 1997 to 2017 [J]. Scientific Data, 2022, 9 (01): 101-118.

[12] Chen Q, Taylor D. Economic Development and Pollution Emissions in Singapore: Evidence in Support of the Environmental Kuznets Curve Hypothesis and Its Implications for Regional Sustainability [J]. Journal of Cleaner Production, 2020 (243): 118637.

[13] Cheng Y, Zhang Y, Wang J, et al. The Impact of the Urban Digital Economy on China's Carbon Intensity: Spatial Spillover and Mediating Effect [J]. Resources, Conservation and Recycling, 2023, 189 (02): 106-122.

[14] Chinn M D, Fairlie R W. The Determinants of the Global Digital Divide: A Cross-country Analysis of Computer and Internet Penetration [J]. Oxford Economic Papers, 2007, 59 (01): 16-44.

[15] Cong L W, Xie D, Zhang L. Knowledge Accumulation, Privacy, and Growth in a Data Economy [J]. Management Science, 2021, 67 (10): 6480-6492.

[16] Cooper W W, Seiford L M, Tone K. Data Envelopment Analysis: A Comprehensive Text with Models, Applications, References and DEA - solver Software [M]. New York: Springer, 2007.

[17] Corden W M, Neary J P. Booming Sector and De-industrialisation in a

Small Open Economy [J]. The Economic Journal, 1982, 92 (368): 825 - 848.

[18] Dasgupta S, Laplante B, Mamingi N. Pollution and Capital Markets in Developing Countries [J]. Journal of Environmental Economics and Management, 2001, 42 (03): 310-335.

[19] De Giorgi G, Frederiksen A, Pistaferri L. Consumption Network Effects [J]. The Review of Economic Studies, 2020, 87 (01): 130-163.

[20] Deaton A. Saving and Liquidity Constraints [J]. Econometrica, 1991, 59 (05): 1221-1248.

[21] Dong F, Yu B, Pan Y. Examining the Synergistic Effect of CO_2 Emissions on PM2. 5 Emissions Reduction: Evidence from China [J]. Journal of Cleaner Production, 2019, 2 (23): 759-771.

[22] Donna L Hoffman, Thomas P Novak, Ann Schlosser. The Evolution of the Digital Divide: How Gaps in Internet access May Impact Electronic Commerce [J]. Journal of Computer-Mediated Communication, 2000, 5 (03): 534.

[23] Du W, Li M. Assessing the Impact of Environmental Regulation on Pollution Abatement and Collaborative Emissions Reduction: Micro-evidence from Chinese Industrial Enterprises [J]. Environmental Impact Assessment Review, 2020, 82 (02): 106-128.

[24] Eswaran M , Kotwal A. Credit as Insurance in Agrarian Economies [J]. Journal of Development Economics, 1989, 31 (01): 37-53.

[25] Fernandes D, Lynch J G, Netemeyer R G. Financial Literacy, Financial Education, Anddownstream Financial Behaviors [J]. Management Science, 2014, 60 (08): 1861-1883.

[26] Forman C, Goldfarb A, Greenstein S. The Internet and Local Wages: A Puzzle [J]. American Economic Review, 2012, 102 (01): 556-575.

[27] Friedrichs J, Inderwildi O R. The Carbon Curse: Are Fuel Rich Countries Doomed to High CO_2 Intensities? [J]. Energy Policy, 2013 (62):

1356-1365.

[28] Gopalkrishnan S S. A New Resource for Social Entrepreneurs: Technology [J]. American Journal of Management, 2013, 13 (01): 66-78.

[29] Greenstein S. Digital Infrastructure [J]. Economic Analysis and Infrastructure Investment, 2021 (02): 409.

[30] Gu A, Teng F, Feng X. Effects of Pollution Control Measures on Carbon Emission Reduction in China: Evidence from the 11th and 12th Five-Year Plans [J]. Climate Policy, 2018, 18 (02): 198-209.

[31] Gylfason T. Resources, Agriculture, and Economic Growth in Economies in Transition [J]. CESifo Working Paper Series, 2000, 53 (04): 545-579.

[32] He X, Mou D. Impacts of Mineral Resources: Evidence from County Economies in China [J]. Energy Policy, 2020 (136): 111088.

[33] Hee Yun Lee, Eun Young Choi, Youngsun Kim, Jessica Neese, Yan Luo. Rural and Non-Rural Digital Divide Persists in Older Adults: Internet access, Usage, and Perception [J]. Innovation in Aging, 2020, 4 (01): 412-413.

[34] Hepburn C, Qi Y, Stern N, et al. Towards Carbon Neutrality and China's 14th Five-Year Plan: Clean Energy Transition, Sustainable Urban Development, and Investment Priorities [J]. Environmental Science and Ecotechnology, 2021 (08): 100130.

[35] Hettige H, Huq M, Pargal S, et al. Determinants of Pollution Abatement in Developing Countries: Evidence from South and Southeast Asia [J]. World Development, 1996, 24 (12): 1891-1904.

[36] Hu D, Deng M. A Review of Sustainable Development Theory and Sustainable Development of Hospitals [J]. Chin. Hosp. Manag, 2004 (24): 42-45.

[37] Ji D J, Zhou P. Marginal Abatement Cost, Air Pollution and Economic Growth: Evidence from Chinese Cities [J]. Energy Economics, 2020 (86): 104658.

[38] Kaplan G, Violante G L. A Model of the Consumption Response to

Fiscal Stimulus Payments [J]. Econometrica, 2014, 82 (04): 1199-1239.

[39] Khatami F, Vilamová Š, Cagno E, et al. Efficiency of Consumer Behaviour and Digital Ecosystem in the Generation of the Plastic Waste toward the Circular Economy [J]. Journal of Environmental Management, 2023, 32 (05): 116-125.

[40] Lanzolla G, Lorenz A, Miron-Spektor E, et al. Digital Transformation: What Is New If Anything? Emerging Patterns and Management Research [J]. Academy of Management Discoveries, 2020, 6 (03): 341-350.

[41] Laura J Dixon, Teresa Correa, Joseph Straubhaar, Laura Covarrubias, Dean Graber, Jeremiah Spence, Viviana Rojas. Gendered Space: The Digital Divide between Male and Female Users in Internet Public access Sitesz [J]. Journal of Computer-Mediated Communication, 2014, 19 (04): 991-1009.

[42] Libman A. Natural Resources and Sub-national Economic Performance: Does Sub-national Democracy Matter? [J]. Energy Economics, 2013 (37): 82-99.

[43] Luo Yu, L Zeng. Digital Financial Capabilities and Household Entrepreneurship [J]. Economic and Political Studies, 2020, 8 (02): 38-52.

[44] Mao X, Zeng A, Hu T, et al. Co-control of Local Air Pollutants and CO_2 in the Chinese Iron and Steel Industry [J]. Environmental Science & Technology, 2013, 47 (21): 12002-12010.

[45] Mehlum H, Moene K, Torvik R. Institutions and the Resource Curse [J]. The Economic Journal, 2006, 116 (508): 1-20.

[46] Mejía L B. Mining and Human Capital Accumulation: Evidence from the Colombian Gold Rush [J]. Journal of Development Economics, 2020 (145): 102471.

[47] Mingo I, Bracciale R. The Matthew Effect in the Italian Digital Context: The Progressive Marginalisation of the "Poor" [J]. Social Indicators Research, 2018 (135): 629-659.

[48] Morgan P J, Huang B, Trinh L Q. The Need to Promote Digital Fi-

nancial Literacy for the Digital Age [A] //Realizing Education for all in the Digital Age [M]. New York: Asian Development Bank Institute, 2019.

[49] Mumporeze N, Prieler M. Gender Digital Divide in Rwanda: A Qualitative Analysis of Socioeconomic Factors [J]. Telematics and Informatics, 2017, 34 (07): 1285-1293.

[50] Murty M N, Kumar S, Dhavala K K. Measuring Environmental Efficiency of Industry: A Case Study of Thermal Power Generation in India [J]. Environmental and Resource Economics, 2007, 38 (06): 31-50.

[51] Neumayer E. Can Natural Factors Explain Any Cross-country Differences in Carbon Dioxide Emissions? [J]. Energy Policy, 2002, 30 (01): 7-12.

[52] Norris P. Digital Divide: Civic Engagement, Information Poverty, and the Internet Worldwide [M]. Cambridge: Cambridge University Press, 2001.

[53] Papyrakis E, Gerlagh R. The Resource Curse Hypothesis and Its Transmission Channels [J]. Journal of Comparative Economics, 2004, 32 (01):181-193.

[54] Philip L, Cottrill C, Farrington J, et al. The Digital Divide: Patterns, Policy and Scenarios for Connecting the "Final Few" in Rural Communities across Great Britain [J]. Journal of Rural Studies, 2017 (54): 386-398.

[55] Pignatelli M, Moghadam S T, Genta C, et al. Spatial Decision Support System for Low-carbon Sustainable Cities Development: An Interactive Storytelling Dashboard for the City of Turin [J]. Sustainable Cities and Society, 2023, 89 (02): 104-121.

[56] Puspitasari L, Ishii K. Digital Divides and Mobile Internet in Indonesia:Impact of Smartphones [J]. Telematics and Informatics, 2016, 33 (02): 472-483.

[57] Rongwei X, Xiaoying Z. Is Financial Development Hampering or Improving the Resource Curse? New Evidence from China [J]. Resources Policy, 2020 (67): 101676.

[58] Ross S A. The Arbitrage Theory of Capital Asset Pricing [J]. Journal

of Economic Theory, 2015, 13 (03): 341-360.

[59] Sachs J D, Warner A M. Fundamental Sources of Long-run Growth [J]. The American Economic Review, 1997, 87 (02): 184-188.

[60] Shao S, Yang L. Natural Resource Dependence, Human Capital Accumulation, and Economic Growth: A Combined Explanation for the Resource Curse and the Resource Blessing [J]. Energy Policy, 2014 (74): 632-642.

[61] Sharpe W F. Capital Asset Prices: A Theory of Market Equilibrium under Conditions of Risk [J]. Journal of Finance, 1964, 19 (03): 425-442.

[62] Shi L, Han L, Yang F, et al. The Evolution of Sustainable Development Theory: Types, Goals, and Research Prospects [J]. Sustainability, 2019, 11 (24): 7158.

[63] Singh. How Important Is the Stock Market Wealth Effect Consumption India [J]. Empirical Economics, 2012, 42 (03): 42-57.

[64] Stagl S. Theoretical Foundations of Learning Processes for Sustainable Development [J]. The International Journal of Sustainable Development & World Ecology, 2007, 14 (01): 52-62.

[65] Sun X. Review and Prospect of the UN Efforts for Sustainable Development [J]. Chinese Journal of Population Resources and Environment, 2012, 10 (02): 31-38.

[66] Sylvia E Korupp, Marc Szydlik. Causes and Trends of the Digital Divide [J]. European Sociological Review, 2005, 21 (04): 409-422.

[67] Timothy DeStefano, Richard Kneller, Jonathan Timmis. The (Fuzzy) Digital Divide: The Effect of Universal Broadband on Firm Performance [J]. Journal of Economic Geography, 2023, 23 (01): 139-177.

[68] Van der Velden M. Digitalisation and the UN Sustainable Development Goals: What Role for Design [J]. ID&A Interaction Design & Architecture (s), 2018 (37): 160-174.

[69] Vicente M R, López A J. Assessing the Regional Digital Divide across

the European Union - 27 [J]. Telecommunications Policy, 2011, 35 (03):
220-237.

[70] Wang A, Hu S, Lin B. Emission Abatement Cost in China with Conside-ration of Technological Heterogeneity [J]. Applied Energy, 2021 (290):116748.

[71] Wang B, Wang Y, Zhao Y. Collaborative Governance Mechanism of Climate Change and Air Pollution: Evidence from China [J]. Sustainability, 2021, 13 (12): 67-85.

[72] Wang J, Yin Z, Jiang J. The Effect of the Digital Divide on House-hold Consumption in China [J]. International Review of Financial Analysis, 2023 (87): 102593.

[73] Wang L, Chen Y, Ding S. Examining the Impact of Digital Finance on Farmer Consumption Inequality in China [J]. Sustainability, 2022, 14 (20): 13575.

[74] Wasserman I M, Richmond-Abbott M. Gender and the Internet: Cau-ses of Variation in Access, Level, and Scope of Use [J]. Social Science Quar-terly, 2005, 86 (01): 252-270.

[75] Wei K K, Teo H H, Chan H C, et al. Conceptualizing and Testing a Social Cognitive Model of the Digital Divide [J]. Information Systems Research, 2011, 22 (01): 170-187.

[76] Wilson K R, Wallin J S, Reiser C. Social Stratification and the Digital Divide [J]. Social Science Computer Review, 2003, 21 (02): 133-143.

[77] World Commission on Environment and Development. Our Common Fu-ture [M]. Oxford: Oxford University Press, 1987.

[78] Wu D, Li S, Liu L, et al. Dynamics of Pollutants' Shadow Price and Its Driving Forces: An Analysis on China's Two Major Pollutants at Provin-cial Level [J]. Journal of Cleaner Production, 2021 (283): 124625.

[79] Wu F, Wang S Y, Zhou P. Marginal Abatement Cost of Carbon Dioxi-de Emissions: The Role of Abatement Options [J]. European Journal of Opera-

tional Research, 2023, 310 (02): 891-901.

[80] Xian B, Xu Y, Chen W, et al. Co-benefits of Policies to Reduce Air Pollution and Carbon Emissions in China [J]. Environmental Impact Assessment Review, 2024 (104): 107301.

[81] Yan Y, Zhang X, Zhang J, et al. Emissions Trading System (ETS) Implementation and Its Collaborative Governance Effects on Air Pollution: The China Story [J]. Energy Policy, 2020, 138 (02): 282-240.

[82] Zha Q, Liu Z, Wang J. Spatial Pattern and Driving Factors of Synergistic Governance Efficiency in Pollution Reduction and Carbon Reduction in Chinese Cities [J]. Ecological Indicators, 2023 (156): 111198.

[83] Zhang M, Wong W K, Oanh T T K, et al. Regulating Environmental Pollution through Natural Resources and Technology Innovation: Revisiting the Environment Kuznet Curve in China through Quantile-based ARDL Estimations [J]. Resources Policy, 2023 (85): 103788.

[84] Zhang N, Wu Y, Choi Y. Is It Feasible for China to Enhance Its Air Quality in Terms of the Efficiency and the Regulatory Cost of Air Pollution? [J]. Science of the Total Environment, 2020, 9 (11): 136-149.

[85] Zhang Y, Ma G, Tian Y, et al. Nonlinear Effect of Digital Economy on Urban-Rural Consumption Gap: Evidence from a Dynamic Panel Threshold Analysis [J]. Sustainability, 2023, 15 (08): 6880.

[86] Zheng H, Többen J, Dietzenbacher E, et al. Entropy-based Chinese City-level MRIO Table Framework [J]. Economic Systems Research, 2022, 34 (04): 519-544.

[87] Zhong Z J. From Access to Usage: The Divide of Self-reported Digital Skills among Adolescents [J]. Computers & Education, 2011, 56 (03): 736-746.

[88] Zhou J, Liu W. Carbon Reduction Effects of Digital Technology Transformation: Evidence from the Listed Manufacturing Firms in China [J]. Techno-

logical Forecasting and Social Change，2024（198）：122999.

[89] Zhou P，Ang B W，Wang H. Energy and CO_2 Emission Performance in Electricity Generation：A Non-radial Directional Distance Function Approach [J]. European Journal of Operational Research，2012，221（03）：625-635.

[90] Zhu D. Sustainability Science：An Object-process-subject Analytical Framework [J]. China Popul Res Environ，2016，26（07）：1-9.

[91] 蔡栋梁，王聪，邱黎源. 信贷约束对农户消费结构优化的影响研究——基于中国家庭金融调查数据的实证分析 [J]. 农业技术经济，2020（03）：84-96.

[92] 蔡昉，林毅夫. 中国经济改革与发展 [M]. 北京：中国财政经济出版社，2004.

[93] 曹立，薛世斌. 新发展格局视阈下释放农村居民消费潜力研究 [J]. 新视野，2021（06）：13-19.

[94] 曹裕，李想，胡韩莉，等. 数字化如何推动制造企业绿色转型?——资源编排理论视角下的探索性案例研究 [J]. 管理世界，2023，39（03）：96-112+126+113.

[95] 曾春花，王妮娟. 数字化赋能视角下小微企业生态竞争力影响因素研究 [J]. 生态经济，2022，38（01）：77-83+91.

[96] 陈惠鑫，旷森楠，陈昕悦. 基于多目标优化的污水处理厂减污降碳协同路径研究：以北京市某厂为例 [J]. 环境科学研究，2023，36（11）：2148-2158.

[97] 陈慧灵，杨雪珂，王振波. 数字经济对工业碳排放强度的影响及溢出效应 [J]. 环境科学研究，2024，37（04）：672-685.

[98] 陈杰. 落户政策再松绑能否激发农民工消费潜力 [J]. 人民论坛，2019（23）：83-85.

[99] 陈梦根，张鑫. 中国数字经济规模测度与生产率分析 [J]. 数量经济技术经济研究，2022，39（01）：3-27.

[100] 陈诗一，武英涛. 环保税制改革与雾霾协同治理——基于治理

边际成本的视角［J］.学术月刊，2018，50（10）：39-57+117.

［101］陈诗一.中国碳排放强度的波动下降模式及经济解释［J］.世界经济，2011，34（04）：124-143.

［102］陈熹，徐蕾.数字金融、创新创业与城乡居民收入增长［J］.农林经济管理学报，2022，21（05）：537-546.

［103］陈晓红，李杨扬，宋丽洁，等.数字经济理论体系与研究展望［J］.管理世界，2022，38（02）：208-224+13-16.

［104］陈晓洁，何广文，陈洋.数字鸿沟与农户数字信贷行为——基于2019年欠发达地区农村普惠金融调查数据［J］.财经论丛，2022（01）：46-56.

［105］陈银娥，邹一源，李鑫.数字普惠金融对城乡贫富差距的影响研究——基于数字鸿沟的调节效应分析［J］.宏观经济研究，2023（10）：4-22+40.

［106］崔琳昊.全球价值链嵌入如何释放居民消费潜力？［J］.消费经济，2023，39（05）：26-37.

［107］崔艳芳.减污降碳约束下黄河流域资源型城市高质量发展绩效研究［D］.郑州：华北水利水电大学，2023.

［108］戴翔，杨双至.数字赋能、数字投入来源与制造业绿色化转型［J］.中国工业经济，2022（09）：83-101.

［109］邓瑜.数字金融能力对家庭消费升级影响的实证［J］.统计与决策，2022，38（18）：147-151.

［110］丁丽媛，王艳华，王克.碳排放权交易的减污降碳协同效应及影响机制［J］.气候变化研究进展，2023，19（06）：786-798.

［111］董小麟，陈娟娟.利用税收政策释放居民消费潜力的思考［J］.经济纵横，2014（07）：28-31.

［112］杜欣.数字经济促进碳减排的机制与效应——基于绿色技术进步视角的经验考察［J］.科技进步与对策，2023，40（19）：22-32.

［113］范合君，吴婷.数字化能否促进经济增长与高质量发展——来

自中国省级面板数据的经验证据 [J]. 管理学刊, 2021, 34 (03): 36-53.

[114] 范猛. 数字金融是否改变了家庭风险态度 [J]. 金融经济学研究, 2023, 38 (02): 112-126.

[115] 方文玲, 陈蕾. 互联网金融对家庭资产配置的影响研究——基于宏观数据的分析 [J]. 现代经济信息, 2018 (07): 1-4.

[116] 冯子洋, 宋冬林, 谢文帅. 数字经济助力实现"双碳"目标: 基本途径、内在机理与行动策略 [J]. 北京师范大学学报 (社会科学版), 2023 (01): 52-61.

[117] 高磊, 刘松. 人口年龄结构对城镇居民休闲消费潜力的影响研究 [J]. 哈尔滨商业大学学报 (社会科学版), 2021 (06): 73-81.

[118] 高磊, 刘松. 我国城镇居民休闲消费潜力时空演化研究 [J]. 华东经济管理, 2021, 35 (08): 86-94.

[119] 高庆先, 高文欧, 马占云. 大气污染物与温室气体减排协同效应评估方法及应用 [J]. 气候变化研究进展, 2021, 17 (03): 268-278.

[120] 高晓雨, 王梦梓, 陈耿宇. 数字经济: 统计与测度 [M]. 北京: 社会科学文献出版社, 2022.

[121] 高子宁. 数字普惠金融对老年人消费潜力的影响——基于中国家庭追踪调查的实证检验 [J]. 兰州学刊, 2023 (03): 143-160.

[122] 古川, 黄安琪. 数字化背景下农产品批发业经营效率的变化——基于面板门槛模型的实证检验 [J]. 中国流通经济, 2021, 35 (06): 17-27.

[123] 郭峰, 王靖一, 王芳, 等. 测度中国数字普惠金融发展: 指数编制与空间特征 [J]. 经济学 (季刊), 2020, 19 (04): 1401-1418.

[124] 郭峰, 王瑶佩. 传统金融基础、知识门槛与数字金融下乡 [J]. 财经研究, 2020, 46 (01): 19-33.

[125] 郭美晨, 杜传忠. ICT 提升中国经济增长质量的机理与效应分析 [J]. 统计研究, 2019, 36 (03): 3-16.

[126] 何婧, 李庆海. 数字金融使用与农户创业行为 [J]. 中国农村经

济，2019（01）：112-126.

[127] 何雄浪，陈冰．数字金融能力与家庭资产规模：指标构建与机制检验［J］．金融发展研究，2023（10）：41-52.

[128] 赫国胜，耿丽平．数字金融发展对家庭风险金融资产配置的影响——基于 Bootstrap 有调节的中介模型［J］．经济体制改革，2021（06）：135-141.

[129] 赫国胜，刘璇．数字金融、创业效应与实体经济高质量发展［J］．西安交通大学学报（社会科学版），2024，44（02）：39-51.

[130] 胡联，姚绍群，杨成喻，等．数字普惠金融有利于缓解相对贫困吗？［J］．财经研究，2021，47（12）：93-107.

[131] 胡清升．释放消费潜力引领消费新常态［J］．中国统计，2015（07）：10-12.

[132] 胡莹．乡村振兴背景下城乡数字鸿沟审视［J］．中国特色社会主义研究，2022（04）：60-69.

[133] 胡雨朦，郭朝先．数字化对制造业企业碳排放强度的影响研究：理论建模与机制检验［J］．北京工业大学学报（社会科学版），2023，23（05）：153-168.

[134] 胡振，臧日宏．风险态度、金融教育与家庭金融资产选择［J］．商业经济与管理，2016（08）：64-76.

[135] 黄娟．论中国消费潜力的质与量——基于人性需要视角［J］．经济问题探索，2011（03）：33-39.

[136] 黄娟．我国居民基本需要的消费潜力估计［J］．现代经济探讨，2014（09）：54-58.

[137] 黄漫宇，窦雪萌．城乡数字鸿沟会阻碍农村居民消费结构升级吗？——基于中国家庭追踪调查（CFPS）数据的分析［J］．经济问题探索，2022（09）：47-64.

[138] 黄益平，黄卓．中国的数字金融发展：现在与未来［J］．经济学（季刊），2018，17（04）：1489-1502.

[139] 霍鹏，殷浩栋．弥合城乡数字鸿沟的理论基础、行动逻辑与实践路径——基于"网络扶贫行动计划"的分析 [J]．中国农业大学学报（社会科学版），2022，39（05）：183-196.

[140] 贾玮，刘磊．数字鸿沟与青年心理健康——基于 CFPS 数据的实证分析 [J]．人口与发展，2023，29（06）：43-58.

[141] 蒋玉莲．释放消费潜力的发展经济学分析 [J]．学术论坛，2012，35（03）：135-138+168.

[142] 孔文豪，吴佳宜，黄思颖．数字鸿沟与相对剥夺感：微观证据与影响机制 [J]．电子政务，2021（01）：110-124.

[143] 兰晓霞．基于 SWOT 定量分析方法的城乡数字鸿沟弥合战略研究 [J]．情报科学，2016，34（02）：148-153.

[144] 李健，范凤霞．城乡信息鸿沟测度指标体系研究 [J]．现代情报，2014，34（08）：37-41.

[145] 李健，邬晓鸥．我国城乡数字鸿沟研究进展及思考 [J]．人民论坛·学术前沿，2017（17）：70-73.

[146] 李凌杰．数字经济发展对制造业绿色转型的影响研究 [D]．长春：吉林大学，2023.

[147] 李牧辰，封思贤，谢星．数字普惠金融对城乡收入差距的异质性影响研究 [J]．南京农业大学学报（社会科学版），2020，20（03）：132-145.

[148] 李青原，李昱，章尹赛楠，等．企业数字化转型的信息溢出效应——基于供应链视角的经验证据 [J]．中国工业经济，2023（07）：142-159.

[149] 李庆海，张锐，孟凡强．金融知识与中国城镇居民财产性收入 [J]．金融经济学研究，2018，33（03）：93-103.

[150] 李树，于文超．幸福的社会网络效应——基于中国居民消费的经验研究 [J]．经济研究，2020，55（06）：172-188.

[151] 李研，洪俊杰．居民消费不平衡的统计测度及消费潜力分析

[J]. 数量经济技术经济研究，2021，38（11）：84-102.

[152] 梁达. 顺应多样化趋势释放居民消费潜力[J]. 宏观经济管理，2015（03）：35-37.

[153] 梁达. 网购成为释放居民消费潜力的新亮点[J]. 宏观经济管理，2014（09）：32-35.

[154] 林枫，金刚. 中国县域二氧化碳边际减排成本：基本事实、影响因素及区域差异分解[J]. 环境经济研究，2023，8（01）：29-52.

[155] 刘丹，方锐，汤颖梅. 数字普惠金融发展对农民非农收入的空间溢出效应[J]. 金融经济学研究，2019，34（03）：57-66.

[156] 刘湖，张家平. 互联网对农村居民消费结构的影响与区域差异[J]. 财经科学，2016（04）：80-88.

[157] 刘华，胡思妍，王姣. 扩大内需战略目标下提升居民消费潜力的税收政策[J]. 税务研究，2023（04）：58-63.

[158] 刘华军，郭立祥，乔列成. 减污降碳协同效应的量化评估研究——基于边际减排成本视角[J]. 统计研究，2023，40（04）：19-33.

[159] 刘慧，龙少波. 现代消费经济学[M]. 北京：经济科学出版社，2021.

[160] 刘佳，张洪香. 中国沿海地区旅游消费潜力测度与评价[J]. 地理与地理信息科学，2018，34（02）：94-100.

[161] 刘骏，薛伟贤. 中国城乡数字鸿沟测算指标体系构建及应用[J]. 科技管理研究，2012，32（09）：27-30.

[162] 刘倩. 数字鸿沟与财富不平等[J]. 消费经济，2023，39（04）：42-56.

[163] 刘姗姗. 数字金融能力对家庭财产性收入的影响研究[J]. 商展经济，2022（13）：76-78.

[164] 刘松，楼嘉军. 上海市城镇居民休闲消费潜力测度及评价[J]. 城市问题，2019（04）：88-95.

[165] 刘松，王清德，楼嘉军. 台湾居民休闲消费潜力综合测度及系

统评估研究［J］．世界地理研究，2023，32（01）：141-149.

［166］刘松．人口年龄结构对城镇居民休闲消费潜力的影响研究［J］．哈尔滨商业大学学报（社会科学版），2021（06）：73-81.

［167］刘伟，张辉，黄泽华．中国产业结构高度与工业化进程和地区差异的考察［J］．经济学动态，2008（11）：4-8.

［168］刘雪颖，赵忠．数字鸿沟与农村家庭商业保险参与［J］．社会保障研究，2023（05）：67-81.

［169］刘艳华，余畅婉．数字鸿沟阻碍农村家庭金融投资了吗？——基于2018年CFPS微观数据的实证研究［J］．财贸研究，2023，34（11）：51-61.

［170］刘元雏，华桂宏，庞思璐．数字金融发展、资本跨区流动与产业结构高级化［J］．西部论坛，2023，33（06）：1-16.

［171］柳思维．优化我国流通产业空间结构促进消费潜力释放的思考［J］．湖南社会科学，2019（03）：90-95.

［172］龙少波，张睿．消费环境改善对居民消费潜力的影响研究——基于当期剩余消费潜力的视角［J］．统计与信息论坛，2021，36（01）：79-89.

［173］卢亚娟，殷君瑶．户主风险态度对家庭金融资产配置的影响研究［J］．现代经济探讨，2021（12）：62-70.

［174］路晓蒙，尹志超，张渝．住房、负债与家庭股市参与——基于CHFS的实证研究［J］．南方经济，2019（04）：41-61.

［175］罗廷锦，茶洪旺．"数字鸿沟"与反贫困研究——基于全国31个省市面板数据的实证分析［J］．经济问题探索，2018（02）：11-18+74.

［176］罗煜，曾恋云．数字金融能力与相对贫困［J］．经济理论与经济管理，2021，41（12）：11-29.

［177］马红旗，黄桂田，王韧．物质资本的积累对我国城乡收入差距的影响——基于资本—技能互补视角［J］．管理世界，2017（04）：32-46.

［178］马香品．数字经济时代的居民消费变革：趋势、特征、机理与

模式 [J]. 财经科学, 2020 (01): 120-132.

[179] 毛显强, 曾桉, 胡涛. 技术减排措施协同控制效应评价研究 [J]. 中国人口·资源与环境, 2011, 21 (12): 1-7.

[180] 毛显强, 邢有凯, 高玉冰. 温室气体与大气污染物协同控制效应评估与规划 [J]. 中国环境科学, 2021, 41 (07): 9-17.

[181] 莫旋, 唐成千. 收入、幸福与城乡差别——基于 CHIP 数据的实证研究 [J]. 商业研究, 2016 (11): 158-167.

[182] 南永清, 宋明月, 肖浩然. 数字普惠金融与城镇居民消费潜力释放 [J]. 当代经济研究, 2020 (05): 102-112.

[183] 南永清, 臧旭恒, 后天路. 新发展格局下居民消费潜力释放研究——基于中国消费金融现状及投资者教育调查 [J]. 当代经济研究, 2023 (02): 112-128.

[184] 彭澎, 徐志刚. 数字普惠金融能降低农户的脆弱性吗? [J]. 经济评论, 2021 (01): 82-95.

[185] 齐红倩, 刘倩含. 数字普惠金融发展对我国居民消费不平等的影响 [J]. 经济问题探索, 2022 (10): 161-172.

[186] 屈超, 张美慧. 国际 ICT 卫星账户的构建及对中国的启示 [J]. 统计研究, 2015, 32 (07): 74-80.

[187] 沈小波, 张芳菲, 李春霞. 工业污染影子价格的时空分布、影响因素及政策含义 [J]. 厦门大学学报 (哲学社会科学版), 2023, 73 (04): 42-53.

[188] 沈智扬, 白凯璇, 陈雪丽. "一带一路" 沿线国家碳排放影子价格与减排潜力 [J]. 国外社会科学, 2022 (01): 133-143+199.

[189] 生态环境部等. 减污降碳协同增效实施方案 [EB/OL]. [2022-06-10]. https://www.gov.cn/gongbao/content/2022/content_5707285.htm.

[190] 石大千, 丁海, 卫平, 等. 智慧城市建设能否降低环境污染 [J]. 中国工业经济, 2018 (06): 117-135.

［191］司传宁，李亚红，孙乐．数字金融能力、收入多样化与家庭消费升级［J］．消费经济，2022，38（06）：70-80.

［192］宋明月，周博文，臧旭恒．基于普惠金融发展的家庭网络消费行为研究［J］．经济理论与经济管理，2022，42（02）：24-40.

［193］孙从海，李慧．互联网金融下家庭金融资产调整趋势与效应分析［J］．西南金融，2014（06）：22-24.

［194］孙小素，王培勤．山西农民消费潜力分析［J］．经济问题，2002（04）：55-59.

［195］孙燕，严书航．数字金融发展与家庭风险金融资产投资［J］．金融发展，2021（01）：12-23.

［196］唐湘博，张野，曹利珍．中国减污降碳协同效应的时空特征及其影响机制分析［J］．环境科学研究，2022，35（10）：2252-2263.

［197］滕磊，马德功．数字金融能够促进高质量发展吗？［J］．统计研究，2020，37（11）：80-92.

［198］田虹，秦喜亮．绿色技术创新对城市碳减排影响的区域差异和收敛性——来自地级市层面的经验证据［J］．财经理论与实践，2024，45（01）：97-103.

［199］田秀娟，李睿．数字技术赋能实体经济转型发展——基于熊彼特内生增长理论的分析框架［J］．管理世界，2022，38（05）：56-74.

［200］涂正革．工业二氧化硫排放的影子价格：一个新的分析框架［J］．经济学（季刊），2009，9（01）：259-282.

［201］王军，朱杰，罗茜．中国数字经济发展水平及演变测度［J］．数量经济技术经济研究，2021，38（07）：26-42.

［202］王美艳．农民工消费潜力估计——以城市居民为参照系［J］．宏观经济研究，2016（02）：3-18.

［203］王敏，杨儒浦，李丽平．城市减污降碳协同度评价指标体系构建及应用研究［J］．气候变化研究进展，2024，20（02）：242-252.

［204］王宁，胡乐明．数字经济对收入分配的影响：文献述评与研究

展望［J］. 经济与管理评论，2022，38（05）：20-35.

［205］王若宾，李良才，王瀚林. 中国老年网民数字鸿沟的成因［J］. 中国信息界，2018（01）：72-74.

［206］王帅. 数字经济对区域绿色发展的影响研究［D］. 兰州：兰州大学，2023.

［207］王小华，刘云，宋檬. 数字能力与家庭风险金融资产配置［J］. 中国农村经济，2023（11）：102-121.

［208］王小华，马小珂，何茜. 数字金融使用促进农村消费内需动力全面释放了吗？［J］. 中国农村经济，2022（11）：21-39.

［209］王亚柯，王一玮. 数字能力、数字金融能力与家庭消费［J］. 江汉论坛，2024（02）：38-45.

［210］王彦芳，王恺涛，陈则霖，等. 数字鸿沟对家庭消费相对剥夺的加剧效应研究［J］. 西部论坛，2023，33（05）：36-51.

［211］王奕霏，庞晓鹏，王海南. 数字化支付促进了农村居民消费升级吗？——基于中国家庭金融调查（CHFS）数据的实证分析［J］. 华中农业大学学报（社会科学版），2023（05）：31-41.

［212］王渊，杨朝军，蔡明超. 居民风险偏好水平对家庭资产结构的影响——基于中国家庭问卷调查数据的实证研究［J］. 经济与管理研究，2016，37（05）：50-57.

［213］王蕴，梁志兵. 制约消费潜力释放的突出问题探析［J］. 宏观经济管理，2015（12）：18-20.

［214］王正位，邓颖惠，廖理. 知识改变命运：金融知识与微观收入流动性［J］. 金融研究，2016（12）：111-127.

［215］王智新，王辰筱. 数字金融发展对居民消费升级影响的统计检验［J］. 统计与决策，2024，40（02）：150-154.

［216］王子凤，张桂文. 数字经济对城乡居民收入差距影响的实证检验［J］. 统计与决策，2023，39（22）：112-116.

［217］魏楚. 中国城市 CO_2 边际减排成本及其影响因素［J］. 世界经

济，2014，37（07）：115-141.

[218] 魏丽莉，侯宇琦. 数字经济赋能绿色发展：理论变革、内在逻辑与实现路径 [J]. 陕西师范大学学报（哲学社会科学版），2023，52（03）：94-106.

[219] 温忠麟，叶宝娟. 中介效应分析：方法和模型发展 [J]. 心理科学进展，2014，22（05）：731-745.

[220] 邬晓鸥，李健，韩毅，等. 我国城乡数字鸿沟测度指标的构建 [J]. 图书情报工作，2014，58（19）：53-60.

[221] 吴非，胡慧芷，林慧妍，等. 企业数字化转型与资本市场表现——来自股票流动性的经验证据 [J]. 管理世界，2021，37（07）：130-144+10.

[222] 吴绪亮. 数据要素如何进入经济系统 [J]. 清华管理评论，2021（11）：86-91.

[223] 吴雨，李晓，李洁，等. 数字金融发展与家庭金融资产组合有效性 [J]. 管理世界，2021，37（07）：92-104+7.

[224] 武晓婷，张恪渝. 中国数字经济产业与制造业融合测度研究 [J]. 统计与信息论坛，2022，37（12）：10-19.

[225] 谢平，邹传伟. 互联网金融模式研究 [J]. 金融研究，2012（12）：11-22.

[226] 徐芳，马丽. 国外数字鸿沟研究综述 [J]. 情报学报，2020，39（11）：1232-1244.

[227] 许兰壮，张乐柱，伍茜蓉. 数字金融释放了农村家庭消费潜力吗——基于边际消费倾向视角的机制分析 [J]. 农业技术经济，2023（03）：37-52.

[228] 许宪春，张美慧. 中国数字经济规模测算研究——基于国际比较的视角 [J]. 中国工业经济，2020（05）：23-41.

[229] 薛伟贤，刘骏. 中国城乡数字鸿沟对城市化进程的阻尼测度研究 [J]. 软科学，2014，28（01）：44-48+59.

［230］杨蓓蕾. 对缩小我国城乡"数字鸿沟"的若干思考［J］. 社会主义研究，2006（03）：53-56.

［231］杨碧云，王艺璇，易行健，等."数字鸿沟"是否抑制了居民消费？——来自中国家庭金融调查的微观证据［J］. 南开经济研究，2023（03）：95-112.

［232］杨俊，李小明，黄守军. 大数据、技术进步与经济增长——大数据作为生产要素的一个内生增长理论［J］. 经济研究，2022，57（04）：103-119.

［233］杨珂，余卫. 共同富裕进程中城乡"数字鸿沟"的检验与测度［J］. 统计与决策，2023，39（07）：62-67.

［234］杨伟明，粟麟，王明伟. 数字普惠金融与城乡居民收入——基于经济增长与创业行为的中介效应分析［J］. 上海财经大学学报，2020，22（04）：83-94.

［235］杨云帆，吴玥玥. 金融知识对农村家庭资产规模的影响——基于性别差异的视角［J］. 中国农业大学学报（社会科学版），2022，39（02）：184-204.

［236］杨仲山，张美慧. 数字经济卫星账户：国际经验及中国编制方案的设计［J］. 统计研究，2019，36（05）：16-30.

［237］姚健，臧旭恒，周博文. 中国居民边际消费倾向异质性与消费潜力释放——基于家庭信贷和资产配置视角的分析［J］. 经济学动态，2022（08）：45-60.

［238］易行健，张波，杨汝岱，等. 家庭社会网络与农户储蓄行为：基于中国农村的实证研究［J］. 管理世界，2012（05）：43-51+187.

［239］易行健，周利. 数字普惠金融发展是否显著影响了居民消费——来自中国家庭的微观证据［J］. 金融研究，2018（11）：47-67.

［240］殷志高，任太增. 移动互联网与农村居民消费：理论逻辑、现实基础与微观证据［J］. 中国流通经济，2022，36（11）：27-37.

［241］尹世杰，蔡德容. 消费经济学原理［M］. 北京：经济科学出版

社，2000.

[242] 尹志超，蒋佳伶，严雨．数字鸿沟影响家庭收入吗 [J]．财贸经济，2021，42（09）：66-82.

[243] 尹志超，宋全云，吴雨．金融知识、投资经验与家庭资产选择 [J]．经济研究，2014，49（04）：62-75.

[244] 尹志超，张逸兴，于玖田．第三方支付、创业与家庭收入 [J]．金融论坛，2019，24（04）：45-57.

[245] 袁航，朱承亮．国家高新区推动了中国产业结构转型升级吗 [J]．中国工业经济，2018（08）：60-77.

[246] 袁晓玲，郗继宏，钟楚潮，等．中国城市"减污降碳"协同驱动因素及实现路径研究 [J]．管理学刊，2023，36（04）：26-46.

[247] 臧旭恒，贺洋．初次分配格局调整与消费潜力释放 [J]．经济学动态，2015（01）：19-28.

[248] 张国胜，杜鹏飞，陈明明．数字赋能与企业技术创新——来自中国制造业的经验证据 [J]．当代经济科学，2021，43（06）：65-76.

[249] 张昊．改善零售服务供给与挖掘居民消费潜力 [J]．商业经济与管理，2016（11）：5-16.

[250] 张家平，程名望，龚小梅．中国城乡数字鸿沟特征及影响因素研究 [J]．统计与信息论坛，2021，36（12）：92-102.

[251] 张军，吴桂英，张吉鹏．中国省际物质资本存量估算：1952—2000 [J]．经济研究，2004（10）：35-44.

[252] 张晴，于津平．制造业投入数字化与全球价值链中高端跃升——基于投入来源差异的再检验 [J]．财经研究，2021，47（09）：93-107.

[253] 张晓玫，董文奎，韩科飞．普惠金融对家庭金融资产选择的影响及机制分析 [J]．当代财经，2020（01）：65-76.

[254] 张要要．数字鸿沟影响相对贫困吗 [J]．农业技术经济，2023（07）：4-18.

[255] 张正平，卢欢．数字鸿沟研究进展［J］．武汉金融，2020（03）：64-71+84.

[256] 张正平，夏海，毛学峰．省联社干预对农信机构信贷行为和盈利能力的影响——基于省联社官网信息的文本分析与实证检验［J］．中国农村经济，2020（09）：21-40.

[257] 章印，王永瑜．中国居民消费潜力测度、区域差异分解及动态演进［J］．统计与决策，2023，39（17）：52-57.

[258] 赵青．金融知识、风险态度对借贷行为的影响——基于CHFS的经验证据［J］．金融发展研究，2018（04）：55-60.

[259] 赵云．缩小湖南省城乡数字鸿沟的对策研究［J］．图书馆理论与实践，2009（06）：68-70.

[260] 郑安邦，冯华．数据流空间视角下知识溢出的内生经济增长机制［J］．经济与管理研究，2024，45（02）：3-20.

[261] 郑国楠，李长治．数字鸿沟影响了数字红利的均衡分配吗——基于中国省级城乡收入差距的实证检验［J］．宏观经济研究，2022（09）：33-50.

[262] 周弘．风险态度、消费者金融教育与家庭金融市场参与［J］．经济科学，2015（01）：79-88.

[263] 周利，冯大威，易行健．数字普惠金融与城乡收入差距："数字红利"还是"数字鸿沟"［J］．经济学家，2020（05）：99-108.

[264] 周梦雯，刘传明．数字经济的节能减排效应及作用机制——基于空间关联网络溢出模式［J］．工业技术经济，2024，43（01）：13-20.

[265] 周南南，邵长鋆．我国居民消费潜力多维测度及时空演进探究［J］．湘潭大学学报（哲学社会科学版），2022，46（06）：73-78.

[266] 周青，王燕灵，杨伟．数字化水平对创新绩效影响的实证研究——基于浙江省73个县（区、市）的面板数据［J］．科研管理，2020，41（07）：120-129.

[267] 周业安，左聪颖，袁晓燕．偏好的性别差异研究：基于实验经

济学的视角［J］.世界经济，2013，36（07）：3-27.

［268］周雨晴，何广文.数字普惠金融发展对农户家庭金融资产配置的影响［J］.当代经济科学，2020，42（03）：92-105.